ライブ講義
弁護士実務の最前線 Vol.1

東京弁護士会法友全期会 編

LABO

はじめに

　法友全期会は、東京弁護士会内の一会派である法友会（平成29年度現在約2700名）の会員内のうち、弁護士登録15年目までの若手弁護士約1500名で構成される団体です。

　昭和38年の創設以来、法友全期会は社会に向かって積極的に提言を行うとともに、当番弁護士制度の実現などに向けて先進的な役割を果たしてきました。また、当会業務委員会を中心として、会員に対しても従前から弁護士業務がより充実したものとなる各種の研修を積極的に開催しており、好評を博してきました。

　今年度の法友全期会業務委員会は、青木耕一委員長（56期）のもと、「弁護士実務のトップランナーに、現場の経験を充分に反映した研修の講師をお願いする」という一貫したテーマのもと、『弁護士実務の最前線』シリーズと銘打って、この研修をリニューアルすることにしました。

　そして、今までも、法友全期会の研修における講義内容を出版などして頒布して欲しいとの要望が多数寄せられていましたが、このたび、同シリーズをLABO（弁護士会館ブックセンター出版部）のご厚意により出版することになり、この期待が適えられることになりました。法律実務の専門書出版には相当程度時間と手間が掛かるものでしたが、研修から1年足らずの期間で研修内容が本になるという点で、タイムリーな内容の出版ができる画期的なものです。

　本書の出版により、弁護士実務のトップランナーの実務経験が若手弁護士の業務に反映されることで、より充実した業務活動になることを祈念してやみません。

　最後になりましたが、LABO担当者の渡邊豊さんには本出版のた

め多大なご尽力をいただいたことに感謝するとともに、講師の各先生方、今年度法友全期会業務委員会の各委員及び執行部員、そして各研修参加者すべてにこの場を借りて感謝の意を表したいと思います。

平成29年12月26日

平成29年度法友全期会代表幹事
弁護士　井　﨑　淳　二

Contents

はじめに

第1講　GPS捜査の最前線　弁護士　亀石倫子

1　プロローグ〜はじめに　　3

2　GPS捜査最高裁判決を勝ち取るまで　　5

1　GPS捜査のイメージ　　5
2　事件の概要　　6
3　新聞報道を契機として　　9
　(1)　23条照合で位置情報の履歴が取れる　　9
　(2)　開示された捜査報告書から証拠開示へ　　11
　(3)　壁にぶつかった　　12
　(4)　警察庁通達「移動追跡装置運用要領の制定について」　　12
　(5)　新聞報道　　13
　(6)　類型的証拠開示から証明予定主張事実記載書の提出へ　　15

3　弁護団結成後の訴訟活動　　16

1　裁判所に自分たちの問題意識を共有してもらう　　17
2　警察庁の通達さえ拡大して解釈していた　　18
3　公借書　　18
　(1)　事前検討表　　19
　(2)　セコムに対する23条照会　　20

        (3) セコムから取り寄せた位置情報の履歴から分かったこと　20
 4　GPS捜査適法決定が先に出た　21
 5　私たちの実験　22
        (1) 位置情報はピンポイントで正確　22
        (2) GPSの位置情報の精度　24
            ❖私有地でも位置情報が取れる　26
            ❖GPS捜査に公私二分論はあてはまらない　28
            ❖警察官の証言の虚偽を曝く　29
        (3) GPS捜査は検証令状で行うべきか　32
        (4) 大阪高裁判決に落胆〜上告を決意　36
 6　最高裁に上告　34
        (1) 今度は弁論で悩む　34
        (2) 最高裁2017年3月15日判決　36
        (3) 基本に立ち返って考え続けた　36

4　こんな弁護団はいやだ！〜弁護団はどうあるべきか　38

 1　プロローグ　38
 2　こんな弁護団はいやだ!!　39
        (1) 特徴　39
            ①　人数が多すぎる　②　メンバーに温度差がある　③　負担が偏る　④　会議が長すぎる　⑤メンバー間に信頼関係がない〜リーダーがメンバーを信頼していない
            ⑥　リーダーがメンバーに仕事を丸投げする
        (2) 人選のポイントはチームワーク（信頼関係）　40
        (3) 8分の1の法則　41

3 リーダーの心構え　42
  (1) 自分が一番働くということ　42
  (2) 常にメンバーに目を配る　42
  (3) 会議にはお菓子を忘れないこと　43

❖質疑応答❖

第2講　メンタルヘルス×労働審判への対応
　　　　　　　　　　　　　　　　　　弁護士　竹花　元

はじめに　51

❖本研修の目的

第1部　コンサルフェーズ　55

テーマ0　メンタルヘルス不全従業員への対応　58

1 メンタル対応で知っておくべきこと　58
  (1) メンタルヘルス対応の難しさ　58
  (2) 休職制度の利用　58
    ❖休職と解雇
2 代理人としての目標　60

テーマI　私傷病休職制度の基本　61

1 私傷病休職制度　61
  (1) 定義　61

        (2) 趣旨　61
        (3) 実態　63
    2　休職中に給与を支払う必要性　64
        (1) 休職期間中の賃金　64
        (2) 注意点　64

| テーマⅡ　企業からの休職命令の可否　　　　　　　　　65 |

    1　問題の所在　65
        (1) 休職に至る一般的なプロセス　65
        (2) 近時の傾向　66
    2　就業規則の定め方　66
                ❖休職事由
    3　休職命令の有効性　68
        (1) 基本的な考え方　68
        (2) 裁判例　69
    4　体調不良の申告に疑義がある場合の方策　69

| テーマⅢ　受診命令　　　　　　　　　　　　　　　　　70 |

    1　受診命令の可否　70
        (1) 考え方の出発点　70
        (2) 労働関係における特殊性　70
    2　従業員が受診命令に従わない場合　72
        (1) 受診命令に従わない場合の措置　72
        (2) 解雇できないか　72
        (3) 復職時の場合　73

3 主治医の診療記録等の開示を求めることは可能か　74
  (1) 必要性　74
  (2) 具体的手続　74

テーマⅣ　主治医と指定医の食い違い　76

1 企業のとるべき対応　76
2 実務上の留意点　77

テーマⅤ　休職期間中の症状報告　78

1 報告義務を課すことの根拠　78
2 就業規則上の根拠が必要か　78

テーマⅥ　復職希望への対応、復職を認めるべき条件　79

1 休職期間満了の際の取扱い　80
2 どのような状態であれば「治癒」といえるか　81
  (1) 裁判例の推移　82
  (2) 片山組判決の登場　82
  (3) 片山組判決を踏まえた実務上の留意点　83
  (4) 片山組判決以後　84
2 休職事由消滅（治癒）の立証責任　85

テーマⅦ　リハビリ勤務　86

1 リハビリ勤務・リハビリ出勤　86
2 リハビリ勤務中の法律関係　87

| テーマⅧ　復職時の労働条件の変更 | 88 |

1　復職時の業務軽減措置　88
2　業務軽減措置に伴う賃金の減額　89

| テーマⅨ　休職期間の通算 | 90 |

1　休職期間の通算制度　90
　(1)　問題の所在　90
　(2)　企業の対応　90
2　休職期間の通算規定と就業規則の不利益変更　91

第2部　紛争フェーズ　93

| 前　提　はじめに | 94 |

1　労働審判とは　94
　(1)　当事者　94
　(2)　対象事件　94
　(3)　審判体　95
　(4)　目的　96
　(5)　期日の回数　96
　(6)　代理人の要否　97
　(7)　取扱裁判所　97
　(8)　イメージ　97
　(9)　その他　98

2 **労働審判の実績・評価** 98

 (1) 実績 98

 (2) 評価 98

場面1　相談～受任～手続き選択   99

---

1 **相談のポイント** 99
2 **受任～弁護士報酬のもらい方～** 103

 (1) 労働者側 103

  ア　着手金　／イ　報酬金

 (2) 使用者側 104

3 **手続きの選択** 105

 (1) 取りうる選択肢 105

 (2) 労働審判と訴訟の選択 105

4 **労働相談（労働者側）時の留意点** 106

 (1) 問題意識 106

 (2) 基本的な視点 107

 (3) 具体例 107

場面2　労働審判手続申立書の作成
    ～提出～答弁書の提出～第1回期日

---

1 **労働審判手続申立書の作成** 112

 (1) 全体的な注意点 112

 (2) 申立書記載事項を確認 112

 (3) ポイント 113

  ① 申立書本体と証拠の取扱い　／② 陳述書提出の要否　／③ 事案の理解促進と有利な心証獲得のための工

　　　　　　夫　／④　賃金請求事件における付加金（労基法114条）請求の要否
2　**労働審判手続申立書の提出**　116
　　(1)　管轄、提出の方法　116
　　(2)　申立の工夫　116
　　　　①労働審判は、複数申立（申立人が複数、相手方が複数）は可能か　／②　複数申立について法律や規則上の制限はない
3　**答弁書の提出【使用者側】**　117
　　(1)　答弁書の提出　117
　　(2)　期日変更の可否　118
　　　　①　建前　／②　運用
　　(3)　答弁書の記載事項　118
4　**答弁書提出〜第１回期日まで（約７日間〜10日間）**　120
　　(1)　補充書面の提出　120
　　(2)　依頼者との打合せ　121
5　**メンタルヘルス不全となった原因についての考察**　121
　　(1)　労基法19条１項の解雇制限と自然退職　121
　　(2)　業務起因性のあるメンタルヘルス不全による休職　122

場面３　労働審判手続きの開始〜（第１回→第２回…）　123

1　**第１回期日**　123
　　(1)　流れ　123
　　(2)　第１回期日の位置づけ　123
2　**第２回期日**　124
　　(1)　第１回〜第２回まで　124

        (2) 流れ　125
        (3) 第2回期日の位置づけ　125
3　第3回期日　125
4　第4回期日以降　125

| 場面4　労働審判手続きの終了 | 126 |

1　終局事由　126
        (1) 調停成立　126
        (2) 労働審判　126
        (3) 24条終了　127
        (4) 取下げ　128
        (5) 却下等　128
2　審理期間、期日実施回数　129
3　調停の成立　130
4　労働事件の和解（調停）条項について　130
        (1) 退職日　131
        (2) 退職理由　131
        (3) 金銭の名目（税金との関係を含む）　132

| 場面5　労働審判手続きの終了後 | 132 |

1　本訴への移行　132
        (1) 条文の確認　132
        (2) 訴訟移行時の実務的諸問題　133
                ①　訴訟手数料の追納　／②　訴状に代わる準備書面・答弁書・証拠等の提出　／③　労働審判官の訴訟担当の可能性

2 報酬請求　136

場面6　おわりに　　　　　　　　　　　　　　　　　136

1 労働審判に対する評価　136
2 お勧めの文献　136

第3講　平成26年改正会社法と最近の議論状況
〜ガバナンスを中心として
弁護士　深山　徹　　　　　　　　　　　　　　141

1 改正に至る経緯と背景　　　　　　　　　　　　141

第1 背景事情　141
第2 平成17年会社法に対する批判的な指摘と課題　142

2 平成26年改正会社法の主な改正内容　　　　　　143

3 監査等委員会設置会社の創設
（326条、399条ノ2〜14）　　　　　　　　　　145

(1) 監査等委員会とは　146
(2) 監査等委員会の特徴　146

4 社外役員に関する規律（2条15、16条）　　　147

1 社外性の要件の厳格化と緩和　147
(1) 社外性の要件の厳格化　147
(2) 社外性の要件の緩和　148

2　責任限定契約の対象の拡大（427条1項）　148

> 5　会計監査人の選解任に関する議案の内容の監査役等による決定と資金調達面　149

①　支配株主の移動を伴う第三者割当　／②　仮想払込み規制　／③　新株予約権無償割当て（割当通知期間の短縮）

> 6　親子会社に関する規律～親会社株主の保護　150

1　多重代表訴訟（特定責任追及の訴え）（847条ノ3）　151
2　旧株主による責任追及の訴え（847条ノ2）　151
3　子会社を含む企業集団の内部統制の整備についての決定（262条4項6号）　151
4　親会社による子会社株式の譲渡規制（467条1項2号）　153

> 7　親子会社に関する規律～キャッシュアウト　154

1　特別支配株主の株式売渡請求（179条～）　154
2　全部取得条項付種類株式（171条ノ2～）と
　株式併合（181条～）　155
3　株主総会等の決議取消の訴えの原告適格　157
4　その他　157

> 8　CGCへの対応とその実質化　158

9 ガバナンスの実効化のための検討事項（実務指針を踏まえて） 158

第1 取締役会の在り方　159
1 取締役会の機能と役割　160
　(1) 意思決定機能と監督機能　160
　(2) 取締役会の機能と役割についての視点　160
　(3) 監督機能の強化の必要性　161
　(4) 監査役会設置会社と監査等委員会設置会社の比較　164
第2 社外取締役の活用の在り方　166
1 取締役会の在り方の検討　166
2 就任条件の検討　168
第3 経営陣の指名・報酬の在り方〜指名・報酬委員会の活用　170
1 指名・報酬の在り方　171
　(1) 指名　171
　(2) 報酬　171
2 **指名・報酬委員会の活用（CG 4 −10）**　171
　(1) 社外取締役の活用のための視点　172
　(2) 委員会の構成　173
　(3) 諮問対象者・事項　174
第4 経営陣のリーダーシップの在り方（相談役・顧問、取締役会長）　175

10 法制審議会で審議されている事項　177

第4講　システム開発紛争の取扱い
弁護士　伊藤雅浩

法律との出会い―自己紹介に代えて　　181

❖私が法律に出会うまで
❖私の手掛けた訴訟は判例データベースにはありません
❖システム開発紛争に関する文献

1　システム開発とは何をするのか　　183

1　システム開発のイメージ　183
　　❖システム開発と建築
2　工程について　184
3　プロジェクトの関係者　185

2　紛争の実態・紛争例の紹介　　188

1　システム開発に関する紛争の概要　188
　(1)　目に見えない成果物　188
　(2)　階層的な受発注構造　188
　(3)　頻繁な技術刷新　188
　(4)　柔軟な変更要求　189
　(5)　短納期　189
2　紛争の解決　189
　(1)　東京地裁平成28年4月28日判決（平成21年（ワ）43611号）　190
　(2)　札幌高裁平成29年8月31日判決（平成28年（ネ）189号）

190

3 システム開発紛争はどこまで「専門的」か　191
(1) 二重の専門性　191
(2) 解決までの時間が長い　192

3　システム開発契約・紛争をめぐる典型論点　193

1 契約の成立　193
❖契約締結上の過失
❖ベンダ側は作業を進めてしまうという現実

2 契約の性質　195

3 多段階契約　197
❖多段階契約とは
❖ベンダ側のメリット
❖ユーザ側から相談を受けた時

4 仕事の完成と瑕疵　199
(1) 完成の基準　199
❖システムの完成判断
(2) 検収　202
(3) システムにおける「瑕疵」とは何か　203
❖契約を解除できる「瑕疵」

5 プロジェクトマネジメント義務　204
(1) ベンダの専門家としての責任　205
(2) ユーザ側の協力義務　206
(3) 裁判例〜スルガ銀行対日本IBMの事件　207
❖プロジェクトマネジメント義務の内容は契約文言で決まるわけではない

(4)　その他の裁判例　209
　　　　❖東京地裁平成22年7月22日判決
　　　　❖システム構築の拡張要求
　　　　❖東京地裁平成28年4月28日判決の事件に見るプロジェクトマネージメント
　　(5)　プロジェクトマネジメント責任の残された論点　213
6　仕様変更に伴う追加業務と追加報酬請求権　214
　　　　❖工数・機能増加分の請求可否のまとめ

4　紛争防止のための文書・言動　216

1　プロジェクト開始前　216
　　(1)　提案書・RFP　216
　　(2)　提案書の概算見積　217
　　(3)　基本合意書　218
　　(4)　提案書段階でのリーガルチェック　220
2　謝罪・顛末報告の意義　222
　　　　❖謝罪事例①〜求めに応じて提出した顛末書（書き直し後）
　　　　❖謝罪事例②〜社長・専務による「謝罪」があったケース

5　訴訟手続き　226

1　訴訟は時間がかかるか？　226
2　訴訟のむなしさ、つらさ　227
3　訴訟になったとき〜調停委員（専門委員）　228
4　検証は必要か　229
5　訴訟の進行　230

6 証拠　232
　　(1)　時系列の整理　　232
　　(2)　さまざまな証拠方法　　233

6　調停・ADR	236

❖質疑応答❖

あとがき

第 1 講

GPS捜査の最前線

弁護士 亀石倫子

亀石倫子 *Michiko Kameishi*

　昭和49（1974年）年生まれ。小樽市出身。東京女子大学文学部英米文学科卒。一般企業を経て大阪市立大学法科大学院を卒業。新62期として司法研修所に入所し、平成21年12月司法修習を終了。刑事事件を中心に扱う法律事務所である弁護士法人大阪パブリック法律事務所に所属後、平成28年「法律事務所エクラうめだ」を開設。エクラ（eclat）とはフランス語で「輝き」を意味する。

　担当事件の実績として、2014年　クラブ風営法違反事件（無罪・2016年最高裁で確定）、2017年　GPS捜査違法事件（証拠排除決定最高裁大法廷判決）、2016年　乳児傷害致死事件（無罪）、2017年特殊詐欺事件（一審無罪）など。生後二ヶ月の長男に暴行を加え死亡させたという乳児傷害致死事件は、大阪地方裁判所が、「被告人以外の人物による暴行があった可能性も否定できない」と判断し被告人を無罪にしたという興味深い事件。

1 プロローグ〜はじめに

　東京弁護士会法友会・法友全期会のみなさま。本日はお招きいただきましてまことにありがとうございます。亀石倫子と申します。大阪弁護士会から呼ばれたことがないのに（笑）、今日、東京に呼んでいただいて、弁護士の先生方の前で初めてお話しする機会になります。よろしくお願い致します。

　今日は、私と私の同期4人と後輩1人の合計6人で担当したGPS捜査に関する弁護活動について一審から順にお話をさせていただきます。最後に、弁護団をどのようにして構成して運営していくのが効率的な弁護活動に資するのか、ということもお話させていただきます。これは弁護士になったころからずっと考え続けてきたテーマに、この事件を通じて取り組んだということもあります。

　まず私の自己紹介を致します。

　私は大学の文学部を卒業して、一度、一般企業に就職しました。けれど、組織というものになかなかなじめなかったこともあって、会社員には向いていないことが自分でも分かったので、そこを3年半で退職しました。結婚を機会に大阪に来て、その後、何か直感のようなものを感じて司法試験を受けてみようと思い立ち、ちょうどロースクールが出来たこともあって、大阪市立大学のロースクールに入りました。そこで和歌山カレー事件の弁護人と出会い、私はテレビ等の報道から、絶対にこのひとが犯人だと思っていたのですが、弁護人とお話をするうちに、弁護人というのは私たちとは違う観点から事件に光をあてていて、私の見る世界とは全く違う世界が存在していたこと、私たちが知らないアナザーストーリーが存在するこ

とを知り、びっくりした、というか興味深く感じました。マスコミが伝えない真実がわかる仕事、真実を追求する仕事として刑事弁護に関心を抱きました。

　そして、弁護士を始めた大阪というところは、刑事事件が多くあり、ときどきとんでもない凶悪な事件も起こるような土地柄で、そのせいか刑事弁護に熱心に取り組んでおられる先生がとても多くて、刑事裁判官もいい方がおられるなど、いろいろな意味で刑事司法に携わる方のレベルが高いことを知りました。そこで、大阪で弁護士になったからには、ぜひ刑事弁護をやりたいと思うようになりました。

　そして入所したのが、大阪パブリック法律事務所という刑事事件を中心に扱う事務所でした。6年間の勤務で200件以上の刑事事件を担当しました。弁護団として関与した事件もたくさんあったのですが、時には「こんな弁護団はいやだな」と思うようなこともありました。そのような経験を経て、自分がこのGPS事件の主任弁護人をするときには、どんなことに気をつけてチーム運営をしていこうかと考えるようになりました。

　2016年、弁護士7年目に独立し、私と事務員さんひとりで、大阪の梅田で法律事務所を経営しています。取扱事件は、離婚事件、不貞事件を中心としつつ、刑事事件もやっているというところです。

　今日お話をさせていただくGPS捜査事件ですが、私が弁護士登録4年目のとき、大阪パブリック法律事務所勤務時代に受任しました。最初からこのような問題があると分かって受けたわけではなくて、

第1講　GPS捜査の最前線

事務所の先輩弁護士に依頼がきて、誰か接見に行ける?となったとき、私がたまたま手が空いていたので、「じゃ、私、行ってきます」と言って出かけたところ、こういう事件に遭遇したのです。

2　GPS捜査最高裁判決を勝ち取るまで

1　GPS捜査のイメージ

　この事件で行われたGPS捜査というのは、大阪府警が令状を取得せずに、被疑者らの自動車やバイク19台にGPSを取り付けて位置情報を取得していたというものです。この捜査が任意処分なのか強制処分なのかということが裁判で争われました。

　GPS捜査のイメージなのですが、(図表1)この「サービス提供会社」と書かれているのは、私たちの事件ではセコムでした。警察

図表1　GPS捜査のイメージ

がGPS端末をレンタルしますが、私たちの事件では警察官が個人名で契約をしていました。そして捜査対象者の自動車やバイクに密かにGPS端末を取り付けて位置情報を取得しながら、追い掛けたりしていました。

2 事件の概要

お配りしている時系列の左側を見てください（図表2）。

この事件の概要を説明しますと、被告人が主犯格で共犯者が3人いました。この4人は職業的な店舗荒らしで、すごく車の運転の上手な共犯者Aが、180kmくらいの速度で運転をして高速道路を移動し、警察に追いかけられても巻くことができるという非常に高い運転スキルをもっていました。たとえば、ショッピングモールのメガネ屋さんに押し入ってすごい早さでメガネをごっそりと盗んで去っていくという店舗荒らしをする人たちでした。

この人たちが平成24年の2月に長崎で起きた窃盗事件の被疑者として浮上します。このとき逮捕状まで出ていたのですが、この人たちが犯人ではないかと疑われていた事件が大阪でも起こっていて、平成25年の春ころには、長崎、福井、兵庫、大阪の警察が集まって大阪府警本部に合同捜査本部ができました。GPS端末を使った捜査もそのころから始まりました。

さきほど言ったとおり、合計19台の車両にGPS端末を取り付けて、取付期間はさまざまですが、長いものですと数ヶ月にわたって取り付けていました。この被告人が、平成25年8月7日に寝屋川で起こした窃盗事件で、同年12月に逮捕されます。このとき私の手が空いていたので接見に行ったという流れになります。

時系列の右側を見てください（図表3）。

第1講　GPS捜査の最前線

図表2　事案の概要

事案の概要（登場人物と時系列）

被告人

共犯者A　　　共犯者B
※被告人と同時に逮捕され、それぞれに国選弁護人1名選任。違法捜査争わず。

共犯者C
※遅れて逮捕され9部係属。国選弁護人。GPS捜査の違法主張。

時期	事件	捜査
平成18年6月		警察庁「移動追跡装置運用要領」制定
平成24年2月	長崎県で窃盗事件	
平成25年3月	福井県で窃盗事件	
4月		府警本部捜査第三課にGPS端末6台貸与
5月	兵庫県三田市で窃盗事件	
6月		GPS端末3台貸与
7月		GPS端末1台貸与
8月6日	大阪府守口市で窃盗事件	犯行使用車両に取り付けたGPS端末の位置情報を取得しながら、捜査車両4台で追尾、犯行現認 ⇒　捜査報告書作成
7日	大阪府寝屋川市、兵庫県小野市、兵庫県三木市で窃盗事件	
9月	奈良県で窃盗事件 京都府で窃盗事件	GPS端末1台貸与
10月	傷害事件	
11月		GPS端末5台貸与
12月4日		8月7日の窃盗＠寝屋川市で逮捕

右欄補足：
- GPS端末を、被告人・共犯者A～C・被告人の交際相手の使用車両・犯行使用車両合計19台に取付
- 取付期間は、数日～約3ヶ月間
- 取付期間中、GPS端末のバッテリー交換を3～4日おきに実施（商業施設の駐車場、コインパーキング、ラブホテル駐車場等の私有地へ立入）
- GPS端末管理のため、捜査と無関係に位置情報取得を毎日実施

7

図表3　捜査・整理手続・公判の時系列

捜査・整理手続・公判の時系列

時期	手続	内容
平成25年12月	捜査	被告人から「自分の使用車両にGPSが取り付けられていた」「警察はそんなことまでできるんですか」と言われ、調査。
平成26年2月	公判	大阪地裁第7刑事部に係属。被告人・共犯者A・Bの第1回公判後、弁論分離決定。※共犯者A・BはGPS違法の主張せず
2～4月	期日間兼公判前整理手続	類型証拠開示請求 ⇒ GPS捜査に関する証拠の開示なし
4月		予定主張「本件の捜査でGPS端末が利用された」「GPS捜査は強制処分」「無令状で実施されたGPS捜査は違法」
5月		証明予定事実記載書「捜査の一環としてGPS端末を取り付けたことがあった」「GPS捜査は任意捜査であり適法」
6月		弁護団結成（司法修習の同期5名、亀石の後輩1名）
		主張関連証拠開示請求×5回
		類型証拠開示請求×3回
		求釈明×3回、求釈明申出×2回
10月		求釈明に対する回答で、GPS端末はセコム（株）からレンタルしたものであること、各端末の契約番号が判明
12月～		セコム（株）に対する23条照会の回答で、捜査に利用されたGPS端末16台の位置情報取得履歴が判明
平成27年1月		共犯者Cの公判（大阪地裁第9刑事部）で「GPS捜査は任意捜査であり適法」と判断
3月	公判	書証取調べ、証人尋問（警察官×2名、共犯者A）
5月		証人尋問（弁護人、指宿信教授）、被告人質問
6月		証拠採否決定「GPS捜査は強制処分」「令状主義を没却するような重大な違法があった」⇒検察官請求証拠15点を却下
7月		判決「公訴棄却しない」「GPS捜査の違法を量刑上考慮しない」
平成28年3月	控訴審	判決「重大な違法はない」、強制処分か任意処分か判断せず
10月	上告審	大法廷に回付することを決定
平成29年2月		弁論
3月		判決「強制処分であり令状なく行うのは違法」「現行法に規定する令状で行うことには疑義がある」「新たな立法をすることが望ましい」

平成25年12月に私が初めて被疑者の接見に行ったときに、被疑者に「実は先生、僕のクルマにGPSが付けられていたんですよ。そのことに夏ころに気がつきました。警察はそんなことをする権利があるんですか?」と言われました。

　私はそれまで、GPSを使った捜査というものがされていることを知りませんでしたので、本当にそんな捜査をするんだろうか、と半信半疑の状態でした。でも、もしそれが本当だとしたら、なんかダメなような気がするなあ、という程度の認識しかありませんでした。なので、その被疑者には、「次の接見までに調べてきます」と言って、その日は被疑者の疑問に答えることができず事務所に帰りました。

　事務所に帰って調べたところ、その前の年にアメリカの連邦最高裁で、令状のないGPS捜査は違憲だという判決があることを知りました。法廷意見は、GPS捜査は修正第4条の捜索にあたるというものでした。ソトメイヤー判事の補足意見は、プライバシーの権利を侵害するというものでしたが、いずれにしても、令状のないGPS捜査は憲法に反するという判決が出ていたことがわかりました。このジョーンズ判決に対して、日本の刑事訴訟法学者の判例評釈がいくつかありました。それを読んでみると、GPS捜査の法的性質については、任意処分説と強制処分説がだいたい半々という印象でした。また、そのときたまたま見つけたのが、この新聞記事です（図表4）。

3　新聞報道を契機として

(1)　23条照合で位置情報の履歴が取れる

　これは平成25年8月の記事なのですが、なんと福岡地方裁判所に係属している覚せい剤取締法違反被告事件で、弁護人がGPS捜査は

図表4　朝日新聞2013年8月18日

捜査対象車 ひそかにGPS

警察「必要性あれば許容」
被告側「違法な人権侵害」

福岡・愛媛、兵庫でも

捜査当局者の車に全地球測位システム（GPS）の端末をこっそり取り付け、どこにいるかをつかむ。そんな捜査手法が、各地で明るみに出ている。警察庁は「必要性が認められる場合は許容される」と主張するが、福岡地裁公判中の被告の弁護人は「違法捜査だ」と主張する。

GPS端末がつけられていたのは、覚醒剤取締法違反容疑で逮捕された罪で福岡地裁で公判中の男性被告（31）の車。被告の供述によると、昨年9月中旬、車体の下に、外付けの地裁がGPS端末を貸与しバッテリーとともに磁石で付けられているのを見つけた。ところ、契約者名に限られた付けられているのを見つけた。9月上旬から、尾行されていると思い、しばらくまいに思っていしばらくすると、また同じ車につけられているように思え、盗難事件に見せかけ、警備会社に照会したところ、契約者名が判明。捜査3課の現場だったことを明らかにした。費用は、照会結果によると、GP

S端末は2009年9月に契約され、昨年9月までに計4回以上、位置情報を送信していた。

GPS端末を取り付けた事例は、06年に愛媛県警で起きた殺人事件の参考人の車に取り付けたことも明らかになった。愛媛県警は、今年7月に兵庫県警でも明らかになった。事件は、06年に容疑者が県外に逃走する場合にも「行動の全てを把握する強制捜査に該当するため、令状なしではできないが、令状なしでやっているのが、02年の捜査報告書に記載されており、この文書がパソコンからインターネット上に流出した。

福岡での事例について、

全地球測位システム（GPS）
複数の人工衛星から電波が届く時間から距離を測り、地球上での現在の位置を割り出す。元々は軍事用に開発されたが、スマートフォンやカーナビなどに広く活用されている。
警備会社によると、GPS端末は、お年寄りや子どもに持たせて、行方が分からなくなった際に位置を確認したり、自分の車から盗まれた場合に追跡するなど、本来の用途は、契約者がパソコンや携帯電話で検索すると、地図上に端末の位置が表示される。条件が良い場合、実際の位置との誤差は5～10㍍。

警察庁刑事企画課は「事前に県警本部の捜査主管課長か、10月にある予定の裁判所の尋問で聴く方針だ。

GPS端末を貸与した備会社の広報担当者は「コメントすることができない」としている。ただ、「一般的には、他人に無断で設置することは禁止しているという。

一方、弁護人は「行動の全てを把握する強制捜査を令状なしですることは許されない。令状なしでやっているのは、違法な人権侵害だ」と訴え、この方法で集められた証拠は無効とすべきだと主張している。なぜ契約者が

携帯のGPS
捜査令状必要

対象者の携帯電話のGPSを巡っては、捜査令状などで、捜査機関が相手のGPSの位置情報を把握できるようになっている。この場合、捜査対象者には、携帯の画面表示などで、自分の位置情報が取得されていることが通知される。

（黒田壮吉）

違法だという主張をしていたんです。そこで私は「刑事弁護フォーラム」というメーリングリストで、この事件の弁護人が誰かご存知の方はいらっしゃいますか、と投稿してみたら、刑事弁護の世界ではとても有名な福岡の先生であることがわかりました。そこでその先生に連絡を取って、どのような主張をしておられるのか、どのような証拠を弁護側でお持ちなのかなどをお聞きしました。

そして、セコムから23条照会で実際に捜査の過程で取得された位置情報の履歴を入手できることを教えていただきました。

(2) 開示された捜査報告書から証拠開示へ

福岡の先生のお話や本件の被疑者の話から、大阪府警もGPS捜査をやっているのだろうなと思いながら、平成26年1月を迎えます。検察官から請求証拠の開示を受けましたが、その中に、ある捜査報告書がありました。左側の時系列を見ていただきたいのですが、平成25年の8月6日、7日のところに書いてある捜査報告書です。

犯行使用車両に取り付けたGPS端末の位置情報を取得しながら、捜査車両4台で13時間に渡って追尾したことを克明に記録した報告書です。その過程で、寝屋川や兵庫県小野市や兵庫県三木市での事件を現認したと書かれていました。

私はこの捜査報告書を見たときに、GPSという文字は一切なかったのですが、絶対にGPSを使っているな、と思いました。というのはさきほど申し上げたとおり、共犯者Aは180km以上のスピードで車を運転することができるのですから、捜査車両が追いつくはずはないだろうと思いました。それなのに報告書によると13時間に渡って一度も見失うこともなく彼らを追尾し続けていたわけです。

被疑者にそのときのことを聞くと、どこへ行っても「なにわ」ナ

ンバーの車がいて、すごくおかしいなと思っていたと言っていました。そこで、GPS捜査に関する証拠を収集するため、この事件を整理手続に付する申し出をしたのですが、その時点では「GPS」ということには一切触れず、捜査段階で違法なことが行われた可能性があり、証拠開示を受けたいので整理手続きに付してください、という申し出にとどめましたが、認められました。

(3) **壁にぶつかった**

そしてこの2月から4月にかけて類型証拠開示請求を何度かしました。捜査報告書に関連する証拠の開示を求めれば、GPS捜査を行ったことを裏付ける手がかりを得られるのではないかと思ったからです。そのような証拠を得られない段階で、「GPSを利用した捜査を行っていたでしょう」と主張すると、証拠が隠されたりとか、取り付けていないと言って逃げられてしまうのではないかと思い、何らかの手がかりを得られないかと思っていた時期でした。

ところが、何度開示請求をしてもGPS捜査に関する証拠はまったく出てこなかったのです。どうしたらいいのか、悩みました。壁にぶつかってしまったのです。証拠が一切出てこない理由は、あとからわかったのですが、平成18年（2006年）6月に警察庁が出していた「移動追跡装置運用要領の制定について」という通達のせいでした。

(4) **警察庁通達「移動追跡装置運用要領の制定について」**

この通達には「移動追跡装置を使用した捜査を任意処分として実施するにあたっては」と書いてあって、任意処分として位置づけてGPS捜査を行っていたことがわかりましたし、このなかでいろいろなルールを定めていて、「次に掲げる犯罪の捜査を行うにあたり」として、7つの犯罪を書いてありました。その中に「連続的に発生

した窃盗」が書かれていました。そしてこの(2)のところ、「犯罪を構成するような行為を伴うことなく次に掲げるもののいずれかに取り付けること」として「被疑者の使用した車両」と書いてあります。もっとも、ここに書かれているルールも守られていなかったことをあとで説明しますが、ともかくこの通達に基づいてGPS捜査が行われていたことがわかりました。

この通達の最後には「保秘の徹底」と書かれていまして、「移動追跡装置を使用した捜査の具体的な実施状況については文書管理等を含め保秘を徹底する」とされています。この時点では、黒塗りの部分に何が書かれていたのかわからないのですが、こういったことから、一切、捜査資料にGPSのことが出てこないことがわかりました。

(5) 新聞報道

この通達の存在が明らかになったこと自体が、大きく報道されました（図表5）。

私たちはGPS捜査の存在をまったく知らなかったわけですが、実際には警察庁が平成18年（2006年）にこのような通達を出して、長年にわたり秘密裡にGPS捜査を行っていたことが報道されていました。

そしてさきほどの「移動追跡装置運用要領の制定について」別添「移動追跡装置運用要領」5の「保秘の徹底」の黒塗り部分ですが、実は平成28年（2016年）の11月に開示されました。

通達には、「被疑者の取調べでは移動追跡装置を用いたことは明らかにしない」、「捜査書類には存在を推知させるような記載はしない」、「事件広報の際は（移動追跡装置を）使用した捜査を実施したことは公にはしない」とまで書かれていました。なぜこの黒塗り部

図表5　中日新聞2014年12月30日

GPS捜査06年通達

警察庁 監視の手順定める

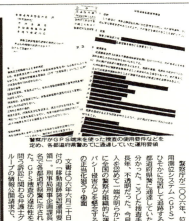

警察庁がGPS端末を使った捜査の使用要件などを定め、各都道府県警あてに通達していた運用要領

警察庁が二〇〇六年、位置情報を取得できる衛星利用測位システム（GPS）端末を、捜査対象者の車にひそかに設置して追跡していたことが、同庁の内部文書で分かった。こうした捜査手法は法規定がなく、実態は長年、不透明だった。今月、愛知県警は本紙取材に導入を認めて一端が明らかになったが、同庁によると既に全国の警察が組織的に運用しているもよう。プライバシー侵害などを懸念する声が強まりそうだ。＝四面に正当化狙う

文書は〇六年六月三十日付の「移動追跡装置運用要領」。刑事局刑事企画課長名で各都道府県警に示された。GPS捜査の違法性について問う訴訟に関わる弁護士グループの情報公開請求で、開示された。

要領は「取扱注意」と記され、警察が裁判所の令状を必要としない任意捜査で、GPS端末を使う捜査員の行動を拘束する際の手順を定めている。使

用要件は「犯罪の嫌疑、危険性の高さなどから、速やかな容疑者の検挙が求められ、他の捜査で追跡が困難」な場合とした。対象とする犯罪は七項目、設置場所は四項目を列挙しているが、開示文書ではいずれも黒塗りにされていた。

使用時は、各警察本部の主管課長の事前承認が必要だとした。捜査担当者には毎日、運用状況を所属長へ報告する義務も課した。保秘の徹底も求めている。〇六年に愛媛県警の捜査情報がインターネット上に流出し、事件の参考人の車

にGPS端末を設置していたことが明るみに出た。この問題の発覚後、警察庁が要領を作成したとみられる。今年十月には、愛知県警に名刺大ほどの端末を無断設置されプライバシー権を侵害されたとして、名古屋市の男性会社員が損害賠償を求める訴訟を名古屋地裁に起こした。GPS端末の捜査使用をめぐっては、令状が必要な強制捜査として法的に位置付けるべきだとの指摘もあるが、議論は本格化していない。

第1講　GPS捜査の最前線

分が取れたかというと、東京地裁でGPS捜査の違法性を争っていた事件で、裁判所がこの黒塗り部分の開示を命じたからだったのです。

このことも非常に大きく報道されました（図表6）。報道されたのが2017年2月で、今回の最高裁判決が出る直前だったのですが、ここまでして秘密を徹底していたことが大きく報道されました。

(6) 類型的証拠開示から証明予定主張事実記載書の提出へ

話を元に戻します。

時系列表の右側にありますが、2月から4月までは、類型証拠開示をせっせとしていたのですが、まったく手がかりが得られない、壁にぶつかってしまった時期でした。「どうしよう」と思って次にやったのが、予定主張を出すことでした。一か八かでGPS端末を捜査で使っていたことを主張しました。主張するにあたって気をつけ

図表6　毎日新聞2017年2月1日

たのは、被疑者がGPSを発見したときの状況をできるだけ詳しく書くことでした。GPS装置の形状とか、装置が入れられたケースがビニールのテープでぐるぐる巻きにされていたこと、車体に取り付けるのに、丸い磁石が全部で8個使われていたことなど、詳細に書きました。被告人側に何らかの証拠があるかのように思わせて逃げられないように工夫しました。本当は手元に何もなかったので、GPS捜査などやってないよ、といわれたらおしまいだなあ、とも思っていました。

　これに対して検察官は、2016年5月に証明予定事実記載書で「GPS端末を取り付けていたこと」を認め、「GPS捜査は任意捜査であり、令状を取得しなくても適法である」と主張しました。

3　弁護団結成後の訴訟活動

　さきほどの福岡の事件ですが、2016年3月に判決が出て、覚せい剤取締法違反の事件なので、それで請求されている証拠とGPSを使った捜査と関連性がないということで、GPS捜査の適法性に関する判断がされませんでした。「弁護人の主張は傾聴に値するが」というひとことが判決に書かれているだけでした。私は福岡の事件がどう判断されるのか注目していたので、肩透かしを食ったような感じでしたが、私たちの事件では、まさにGPS装置を使って捜査をした8月6日・7日の捜査報告書が請求されているので、GPS捜査の適法性について日本で初めて判断されることになると思い、検察官がGPS端末を取り付けたことを認めてきたときは、鳥肌が立つくらい興奮しました。そこで、私ひとりでは手に負えないと思って弁護

団を結成することにしました。

1 裁判所に自分たちの問題意識を共有してもらう

　私以外の4人は大阪修習の同期でした。もうひとりは大阪パブリック法律事務所の後輩です。このとき私たちは5年目で、後輩は3年目でした。私と後輩は刑事事件を中心に扱う事務所だったので、ふつうの弁護士よりは刑事事件をたくさんやっていたのですが、それ以外の弁護士の中には、今回の受任で刑事事件が3件目という人もいました。

　なぜ刑事弁護の経験の少ないメンバーで弁護団を作ったのかについては、あとでお話しますが、時系列の右側を見てください。

　この弁護団を結成してから、6月に主張関連証拠開示請求を行い、その結果を見て類型証拠開示をしたり、検察官に対する求釈明をしたりして、GPS捜査というものがどういう捜査なのかの実態の解明という作業をしました。ここに「求釈明申出2回」とあるのは、検察官に求釈明をしても「答える必要はない」といわれることがあったので、裁判所に対して求釈明してほしい旨申し出たことが2回あったことを意味します。このころには裁判所も合議体になっていて、GPS捜査の違法性に関する弁護側の予定主張もかなり詳細なものを提出していたので、裁判官も問題意識を共有してくれていて、裁判所から検察官に対して釈明を求めるかたちで回答を得ることができました。

　一般に、予定主張はどこまで詳しく書くかという問題はありますが、この事件に関してかなり詳しいものを提出していたのは、私たちの問題意識を裁判所にわかってもらうことで、整理手続きにおける証拠の整理などを弁護側に有利に進めることを目的としていまし

た。それが功を奏したのかな、と思っています。

2 警察庁の通達さえ拡大して解釈していた

 検察官から回答を得られたものとして、どの車にいつからいつまでGPS端末を車両に付けたかという内容が記載された一覧表がありました。結構、取付時期と取り外し時期とが曖昧なんですね。○月○日「頃」となっていたりします。どうして「頃」なのかと聞いたところ、とにかくGPS捜査を行っていたときのメモはすべて廃棄したので、時期については「頃」としかわからないのだ、という答えが返ってきました。警察庁の通達に基づいて「保秘の徹底」をしていたのですね。備考のところには「誰それの使用車両」と記載されていたのですが、被疑者の交際相手の車まで含まれていました。警察庁の通達には、GPS端末の取り付け対象として「被疑者の使用する車両」と書いていたはずなのに、被疑者ではない人の車両にもGPS装置を取り付けているのはおかしいじゃないかということを証人尋問のときに警察官に聞いたら、被疑者が使用する「可能性のある」車両だから付けた、というのです。このように警察内部のルールでさえ拡大して解釈して犯罪にまったく関与していない人の行動まで把握していたことが分かりました。

3 公借書

 また、警察内部で、GPS端末を借りるときに作成していた「公借書」という書類も入手しました。これを見ると「運用期間」のところに、平成25年○月○日から「被疑者の行動確認捜査終了までの間」とあって、全然、期間が限定されていない。好きなだけGPS捜査ができるようになっています。あるいは、「運用理由」のところ

には「金庫破り」としか書いていません。必要性について検討された形跡は全くない、ということがわかりました。

(1) 事前検討表

この公借書ですが、平成25年11月になると、「事前検討表」というものが添付されるようになります。

これは「車両への検討」、「現場の検討」、「対象者の検討」そして「注意事項」のところには、「必要性緊急性について十分検討したか」、「運用期間は妥当か」などと書かれていました。そして、それらの欄の右側には「○」か「×」かにチェックする欄がありまして、いかにも適当に付けたと思われるのですが、全部に「○」が入っているという状態です。

この書面は、大項目以外は黒塗りされているので、何が書かれているのか詳細は分からないのですが、なぜこのようなことを11月からやりだしたのかを考えると、やはりさきほどの福岡の事件が大きく報道されたことが影響しているのかな、と思いました。8月にあの事件が大きく報道されて、警察としてはちょっとまずいな、ということから、一応、必要性とか相当性、緊急性を検討したような形を整えたほうがいいんじゃないか、と考えたのではないか、と思っております。

そして注目は、この平成25年11月に作成された公借書の右上の整理番号のところです。「H25-73」と書いてありました。これは大阪府警の捜査第3課だけで、平成25年の11ヶ月間に、73枚の公借書が作られたと考えるのが自然です。日常的にGPSの貸し出しを受けて行動確認捜査をやっていたんだろうなということがこの数字から推測できました。

(2) **セコムに対する23条照会**

また、セコムに対して23条照会をして得た回答では、契約者が誰なのか、契約した日がいつなのかなどがわかりました。

契約者は、大阪府警の警察官であることが分からないように、個人名になっていました。そして契約日ですが、ここが非常に注目点なのですが、なんと平成18年6月の警察庁の通達が出る前から借り出していることが分かりました。平成17年とか平成18年1月とか4月とか書かれていました。

ここで感じたのは、警察内部でルールがあろうとなかろうと、警察というのは、捜査に使えると思ったら平気で使うんだな、ということです。たとえば、今日成立した共謀罪にしても、対象犯罪の捜査が始まったとき、警察はどのような捜査をするんだろうと心配になってきてしまいます。

(3) **セコムから取り寄せた位置情報の履歴から分かったこと**

セコムから取り寄せた位置情報の履歴からは、実際に大阪府警が取得した位置情報の詳細がわかりました。

たとえば1台のGPS端末について、8月4日の23時台のところをみると、23時0分、2分、3分、4分、5分・・・と、1分置きとか1分間に2回とか、非常に頻繁に位置情報を取得しています。おそらくこれは警察がGPS端末を取り付けた車両を追跡しながら位置情報を取得していると思われます。

位置情報の「精度」という欄がありまして、これは実際にGPSを取り付けた車がいた位置と、位置情報が示している位置との誤差を示しています。100m以下の誤差しかない場合も多いことが分かりました。私たちもGPS装置を借りて実験をしてみたところ、非常にピンポイントで位置を表示してくれることが分かりました。

4 GPS捜査適法決定が先に出た

また時系列表に戻っていただきます。

平成26年6月に弁護団を結成して、GPS捜査の実態が少しずつ分かってきたなかで、私たちにとって悲しい出来事が起こります。それは平成27年1月の共犯者Cの公判で、GPS捜査は任意捜査で適法であるという判断が先に出てしまったのです。どうしてこういうことになってしまったかというと、被告人と共犯者ABは一緒に逮捕されて、同じ大阪地裁の第7刑事部に係属したのですが、共犯者Cが遅れて逮捕されたために第9刑事部という別の部に係属してしまいました。

一方、共犯者AとBは争わなかったので、すぐに手続きが分離されて裁判は終わったのですが、共犯者Cは「主犯格の被告が争っているのだったら僕も争います」ということで、GPS捜査の違法性を争うことにしたようです。共犯者Cには国選弁護人が1名付いていて、その弁護人とも情報交換しながら、たとえば、「こういう証拠について証拠開示請求をすると出てくるよ」ですとか、「23条照会すると、こんな証拠が出てくるよ」という話をしていたのですが、やはり弁護人がひとりでは、証拠開示や23条照会までなかなか手が回らなかったのか、GPS捜査の違法性に関する弁護側からの積極的な立証がないまま、裁判所に判断をされてしまったようでした。

私たちは、自分たちの事件で日本で初めてGPS捜査の違法性が判断されると思ってやっていたのですが、実際には平成27年1月に、本当に残念な決定なのですが、「GPSで得られる位置情報は正確なものではない」とか、「捜査官らは正確な位置情報を蓄積していなかった」とか、「通常の尾行と張り込みと比較してプライバシー侵

害の程度は大きくない」という認定をして、GPS捜査は強制処分に当たらないから適法なのだ、という判断をされてしまいました。

　この認定というのは、警察官が法廷に来て証言をしたことだけが元になっているんです。私たちの裁判でも同じ警察官が法廷に出てきて証言することになっていたので、第9刑事部の裁判を弁護団全員で傍聴に行ってその証言を聞いていました。いかにも適当な答えをしていて、「GPSというのは大体の位置しかわからないんですよ」とか平気な顔をして言うんです。「大体の位置が分かって、僕たちがそこに行って、長年の張り込みや尾行の技術で足と目を使って対象車を探し出すんです」などと言うわけです。「え〜?」と思いながらその証言を聞いていましたが、そのような証言が元になった決定だったわけです。

5　私たちの実験

(1)　位置情報はピンポイントで正確

　私たちはこういう決定が出てしまって、非常に落ち込ました。すでにいろいろな証拠を集めていたわけですが、さらに新たな立証ができないかということで行ったのが、自分たちで実験をしてみる、ということでした。

　これが私たちがセコムから借り出したGPS端末です（図表7）。「ココセコム」というサービスで展開されているものです。子どもや高齢者の安全の確認やバイクや車両の盗難対策として提供されています。タバコの箱よりも小さいくらいの大きさです。場所は大阪拘置所の前の駐車場です。ここで実際にスマートフォンでココセコムのサイトに接続をして、契約番号を入力して、「位置情報」をクリックすると、こういう画面が出てきます（図表8）。

第1講　GPS捜査の最前線

図表7　GPS端末

図表8　位置の表示

図表9　GPS画面

　住所、測位時刻とかが表示されます。測位誤差のところで何も記載されていませんが、これは誤差が100メートル以下の場合は何も記載されないという仕様になっているからです。その下の「地図」をクリックすると、こういう画面が出てきます（図表9）。

　右側に大きな大阪拘置所の敷地があって、道路を挟んだ川の右側に赤い○と十字のマークが見えます。実際にこのとき、私たちが車

を止めていた位置とこの表示は、10メートルくらいしか離れていないという感覚でした。なので、位置情報というのは非常にピンポイントで表示されるものだな、と感じました。

(2) GPSの位置情報の精度

私たちはGPSの位置情報の精度がどのような条件で影響を受けるのかを試すために、いろいろな場所で計測してみました。

ショッピングセンターの立体駐車場での実験ですが、比較的厚いコンクリートで覆われていますが、外とつながる窓があるような場所に車を置いてみました（図表10）。そうすると、「測位誤差」のところに、「実際の位置と数百メートル程度」という表示が出ます（図表11）。「地図」をクリックすると、○と十字のマークの色がグレーになっています。さきほどの赤いマークと違ってグレーになる場合は、誤差が大きいことを示します。ただ、車はこのマークがあ

図表10　立体駐車場

図表11　測定誤差

図表12　誤差ある場合

る施設（ベルファという施設です）の駐車場の中にあったので、それほど位置がずれているという感覚はありませんでした（図表12）。

　高速道路を走っているときの位置情報ですが、どんなに高速で移動していても、青空の下を走っている限りでは、ピンポイントで位置を表示していました（図表13）。

　ここは京都に近い大山崎というところですが、トンネルがたくさんある場所なんです。トンネルがたくさんあると精度に影響が出て、このように道路から現在地のマークがずれたりすることがわかります。また、トンネルの中を走行中ですと、このように「位置が検索できませんでした」という表示になります。セコムはauと提携していまして、GPSの衛星で位置情報を取得できなかったときには、auの基地局の情報で位置を把握するようです。それでも位置情報を取れなかったときには、こういう表示になるということでした

図表13　高速道路走行中の表示　　**図表14　トンネル内での表示**

（図表15）。

❖ ……　**私有地でも位置情報が取れる**

　また、こういう場所でも実験しました（図表16）。これは京都市立病院の駐車場です。なぜここで実験をしたかというと、公私二分論とよく言われますが、「公道上であればプライバシーに対する期待が低いのでプライバシー侵害にあたらないが私的領域であればプライバシーの侵害になりうる」という話があります。ここは完全に私有地なのですが、もちろんこのようにピンポイントで位置が把握できます。ですからGPS捜査に関しては青空の下にいる限り、公道上であろうと私有地であろうと全く変わらない位置情報が取れる、ということになります（図表17）。

図表15 位置情報が取得できないとき

図表16 京都市立病院駐車場

図表17　私有地での位置情報

❖ ……GPS捜査に公私二分論はあてはまらない

　これは京都の東寺の駐車場です。このように完全に私有地の中にいることがわかります。ですから、GPS捜査に関しては公私二分論はあてはまらないのだ、ということを言いたくて、私有地を選んで実験しました。病院やお寺を選んだのは、検察官が位置情報というのは単なる記号であってプライバシーの保護は及ばないと主張していましたが、病院にいることがわかればなんらかの病気を持っているとか、宗教施設の中にいればその宗教を信仰していると思われますし、人の行動や位置というのは人の内面と密接に関わりあっている非常にセンシティブな情報であることを言いたくて、こういう場所を選びました。

第1講　GPS捜査の最前線

❖……警察官の証言の虚偽を曝く

また、第9刑事部での共犯者の公判で、警察官が「GPS装置のバッテリーは長くもたないので3〜4日に一度は交換しなければならない」と証言したのですが、そうすると、バッテリーを交換するために車両に近づく必要があります。どんな場所で交換したのかという尋問に対して、共犯者の車がラブホテルの駐車場にあるときに、そこに行って交換したと証言しました。そのラブホテルの駐車場というのは、どういう場所だったかを聞くと、柱が4本くらいあってオープンな感じの場所でした、と証言しました。

私たちはそれを傍聴していて、「そんなわけないだろう。ラブホテルの駐車場だぞ?」と思ったわけです。そのラブホテルに行ってみよう、警察官の証言は絶対に嘘だ、と思って、共犯者にそのラブホテルの場所を聞いたところ、2箇所ありました。そのラブホテルの位置情報を警察が取得していることをさきほどのセコムの位置情報の履歴で確認したうえで、ラブホテルに行ってみました。こういう場所でした（図表18）。

誰もが想像する、目隠しがあるラブホテルの駐車場です。外からは中が一切見えないような場所でした。

もうひとつのラブホテルはこれです（図表19）。あたりまえですよね。警察官が証言するように、柱が4本でオープンな場所だなんて、そんなラブホテルの駐車場などあるわけがありません。

これらを報告書にまとめて、こうしたところに立ち入ってバッテリーの交換をしていたことを書証として裁判所に提出しました。

その甲斐あってと言いますか、一審はGPS捜査が強制処分であって、令状を取らないで行うのは違法であると決定で述べました（図表20）。

図表18　ラブホテルの入口

図表19　別のラブホテルの入口

図表20　神奈川新聞2015年6月6日（共同通信社配信）

GPS捜査は違法

令状なし「プライバシー侵害」　大阪地裁

大阪府警などが裁判所の令状を得ず、捜査対象の男や知人女性の車に衛星利用測位システム（GPS）端末を付けて得た資料を裁判長が関連事件の公判で今年1月に「違法ではない」としており、判断が分かれた。

大阪地裁は5日、「令状なく長期間捜査を続け、プライバシーを制約し違法」として、広域窃盗事件の公判で、大阪地裁は関連の証拠を採用しない決定をした。

令状を得ず、捜査対象の男や知人女性の車に衛星利用運用に関する直接の規定はない。大阪地裁の別の裁判長が関連事件の公判で今年1月に「違法ではない」としており、判断が分かれた。

長瀬敬昭裁判長は決定理由で「プライバシーを大きく侵害した強制処分に当たる」と判断。「請求すれば令状が出た可能性は高いのに、警察は取得の検討すらしておらず、令状主義軽視の姿勢がある」と批判した。

国初とみられる。刑事訴訟法にはGPSのどによると、府警などは約半年間にわたって捜査対象の車19台にGPS端末を設置。警備会社のサービスを利用して捜査員が携帯電話などから位置情報を確認していた。

検察側はGPSの役割を「捜査員の尾行や張り込みの補助」とみなし「位置情報は大まかにしか把握できず、24時間記録するわけではない」として、捜査報告書などを証拠採用するよう主張。

だが長瀬裁判長は「精度は高く、相手を見失っても捜査で何をしてもいいという目視のみの捜査とは異質だ」と却下。「技術の発展に伴い、精度も高まる。将来的な違法捜査の抑止も考慮すべきだ」と言及した。

弁護団は記者会見で「捜査で何をしてもいいという警察の姿勢が明らかになった。個人の権利を守った上で捜査をしてほしい」と訴えた。

事件の被告は大阪府門真市の男（43）。起訴状による と、2012年2月から13年9月にかけて関西を中心に車などを盗んだとされ、大阪や京都など5府県警の合同捜査本部が13年12月に逮捕。大阪地検が起訴した。

(3) GPS捜査は検証令状で行うべきか

　私たちの主張のほとんどが認められた決定ではあったのですが、1点だけ認められなかったのは、どの令状を取ればよかったのか、ということです。裁判所は検証令状だといいました。私たちは、「GPS捜査は検証ではない。たとえば、対象者に事前に提示することができない、取り付ける期間、私有地への立ち入りを必然的に伴うことなど、さまざまな条件を付けないと実施できないのだから、通信傍受令状のように、新たな立法をして運用のルールを決めてから行うべきであるし、こういう捜査まで検証令状でできるとすると、検証令状が万能の令状になってしまって、あらゆる捜査が検証令状で可能になるから許されるべきではない」と主張したのですが、この点は認められませんでした。

　それでも私たちにとっては90点くらいの裁判所の決定だったので、これで確定させてもよいだろうと思っていました。ところが、当時保釈されていた被告人が、控訴することを望みました。私たちは、控訴したらやぶへびになるおそれもあったので、正直なところ控訴に積極的ではなかったのですが、被告人の意向を受け、控訴しました。

(4) 大阪高裁判決に落胆〜上告を決意

　控訴審は、ほんとうにやぶへびになってしまいました（図表21）。大阪高裁はGPS捜査について、任意処分か強制処分なのかの判断をしないまま、弁護人が言うような重大な違法はないとして、明らかに地裁よりも後退した判断をしました。

　私たちはこの高裁の決定に、相当ショックを受けました。私たちの得た地裁の決定のあと、名古屋地裁で違法判決、水戸地裁でも違

図表21　GPS捜査の違法性に関する司法判断

1審	2審
大阪地方裁判所〈確定〉 (2015年1月)　○ 「任意捜査の範囲内」	────
大阪地方裁判所　× (15年6月)	大阪高裁 (16年3月) 「重大な違法はない」 (違法、適法の判断示さず) ↓ 3月15日 最高裁大法廷判決
名古屋地方裁判所　× (15年12月)	名古屋高裁＜上告中＞ (16年6月)　×
水戸地方裁判所〈確定〉 (16年1月)　×	────
広島地方裁判所福山支部 (16年2月)　○	広島高裁〈確定〉 (16年7月)　○
福井地方裁判所 (16年12月)　○	名古屋高裁金沢支部 審理中
東京地方裁判所立川支部 (16年12月)　×	────

法判決、そして広島地裁福山支部では適法とする判決が出て、違法と適法が3対2に分かれるという状態になっていました。こういう状態で大阪高裁の判決を確定させるわけにはいかないと思いました。上告せざるを得ない状況でした。

　しかし今度は被告人が、「いつまでも外にいても仕方がないので、

そろそろ刑務所に入ろうと思います」というのです。このときは弁護人から被告人に「ちょっと待ってください」ということで、話し合いをしました。被告人も「先生たち的に、全然納得できない判決だったんですよね。わかりました。やってください」と私たちに理解を示してくれて、上告することに同意してくれました。そして、この前の最高裁判決に至るわけです。

6　最高裁に上告

(1)　今度は弁論で悩む

　上告趣意書を出したのが去年の6月でしたが、10月くらいに最高裁から電話がかかってきて、この事件を大法廷で審理することになりました、と言われました。最高裁からは三行半の棄却決定が出るものだとばかり思っていたので、最初私は、その連絡の意味が分からないほど驚きました。一番最初にしたのは最高裁判所の場所を調べることでした。私は大阪で勤務しているものですから、東京地裁には行ったことがありますが、最高裁には行ったことがなくて、最高裁って東京地裁と同じ場所にあるのかなあ、などと思っていたのです。地図を確認して違う場所にあることはわかったのですが、今度は弁論をどうしよう、ととても悩みました（図表22）。

　おそらく弁論をする段階では判決の内容はすでに出来上がっているのだろうから、弁論で判決の内容が変わるわけではない、最高裁の結論は決まっているのだから、気楽に、私たちらしく弁論をしよう、という方針で考えるようになりました。私たちは裁判員裁判が始まってから法廷弁護技術を学ぶ機会があって、紙に書かれた文字を読み上げるのではなくて、相手の目を見て語りかけるという法廷での弁論を訓練してきたので、最高裁でもそれでやろうよ、という

図表22　最高裁大法廷

ことになりました。
　その一部を朗読します。
「『人の住居は彼の城である。雨や風は入ることはできるが、国王は入ることはできない』。この格言は、住居だけでなく、財産や人の生活そのものに対しても当てはまります。警察官は知らない間に自動車の底に張り付いています。この警察官は疲れを知りません。眠たくなりません。食事も必要ありません。トイレに行く必要もありません。そして決して自動車から離れることがありません。指示があればいつでも自動車の位置を報告します。その報告は正確です。しかも自動車の位置をいつまでも記憶することができます。現実にはこのような警察官はいません。GPS捜査は、このような警察官による監視を意味します。GPS捜査はこのような警察官による財産と私生活への両方に対する侵入です。」

このようなことを述べました。

(2) 最高裁2017年3月15日判決

そして最高裁の2017年3月15日の判決ですが、GPS捜査は強制処分であって令状なく行うのは違法であるという結論自体は、ある程度予測をしていました。ただ、さらに踏み込んだ判断をしていて、GPS捜査を現行法に規定する令状で行うことには疑義がある、新たな立法をすることが望ましいと述べ、私たちが一審から述べていた検証令状でGPS捜査をすることはできないという主張が認められたという点で、百点の判決でした。

また、最高裁は、憲法35条についての新しい解釈、即ち、憲法35条の保障対象には住居書類及び所持品に限らず、これらに準ずる私的領域に侵入されることのない権利が含まれるという判断を示しました。

最高裁の大法廷で判決の言い渡しを聞きながらメモを取っていたのですが、そこまで踏み込むのかと本当に驚きながら聞いていました。

(3) 基本に立ち返って考え続けた

これは（図表23）、判決のあとの記者会見の写真なのですが、私が一番嬉しかったのは、本当に知識も経験もない私たち若手、そして刑事事件の経験も今回で3件目というほどの若手弁護士が、基本に立ち返って、学部やロースクールで教わった刑事訴訟法の判例や基本書、憲法の人権保障の基本に忠実に勉強をし、ロースクールの先生方に会いに行って教わったりしながら、ここまでたどり着いたということです。ロースクールの良いところの1つは、学者の先生との距離が近いということです。上告審では、弁護団のメンバーの母校である京都大学の先生に意見を聞きに行き、その先生から紹介

第1講　GPS捜査の最前線

していただいた岡山大学の憲法の先生にも会いに行ってご意見を伺い、上告趣意書を作りました。

　私は刑事事件専門の法律事務所にいましたし、弁護士会の刑事弁護委員会にも入っていて、まわりには刑事弁護をやっておられる方がたくさんいるのですが、なぜあえて刑事事件の経験が少ない人たちとチームを作ったのかというと、たとえばお料理でも、上手になってくると、目分量で調味料を加えたり、まあこれくらいかなあという匙加減でやったりするところがありますが、お料理の初心者だったら、大さじ何杯とか小さじ何杯というのも、丁寧に測って料理を作るのであって、そういうふうにこの事件もやってみたいと思ったのです。たとえば今回の事件では、GPS捜査によって得られた証拠から、どれだけの関連する証拠が排除されるかという違法収集証拠の排除の論点があります。この論点を担当する弁護人は毒樹

図表23　東京地裁司法記者クラブでの会見

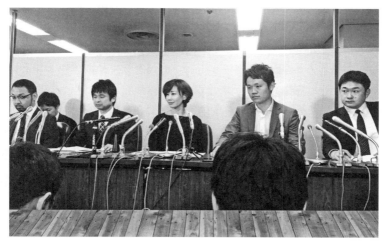

の果実に関する論文をたくさん集めて読んで、すべての証拠に目を通して関連性を判断するという地道な作業をします。この証拠からこの証拠という毒樹の果実のツリーを作るような大変な作業をしていきました。

GPS弁護団は、非常に丁寧に、基本に立ち返って事件に取り組んだということがありました。

4　こんな弁護団はいやだ！　～弁護団はどうあるべきか

1　プロローグ

ここからは、私がずっと考えてきた「弁護団はどうあるべきか」についてお話します。

私が弁護団として取り組んだ事件としては、弁護士になって2年目に受任したクラブ風営法違反の事件があります。去年（2016年）の4月に最高裁で無罪が確定しました。このときは、刑事弁護をやっている人たちが半分くらいと、半分はクラブや音楽やダンスを愛する熱意のある弁護士が集まりました。

そして、私が今まさに取り組んでいる弁護団事件として、刺青の彫り師が医師法違反に問われている事件があります。一審の公判中で今年の9月に判決が予定されています。刺青の彫り師に医師免許が無いから無許可営業だとして摘発をされて略式命令で30万円の罰金刑を下されたひとが、それを受け入れずに正式裁判を請求した事件で、現在大阪地裁で争っています（平成29年（2017年）9月27日有罪判決が下された。）。

皮膚科のお医者さんが証人として出廷したり、刑法や医事法の研究者の先生、刺青の研究をしておられる都留文科大学の先生などの専門家も出廷していただいています。本当に、医師法17条の「医業」にタトゥーを彫る行為が含まれるのかという論点で戦っているところです。この弁護団も、全員60期台の若手6人で構成されています。いまご紹介した2つの事件とGPSの事件は60期台のひとが中心になっているわけですが、私はこれら以外にも、いろいろな弁護団事件を経験してきました。そうした経験を通じて、私の中で「こんな弁護団はいやだ!」と思っていることがあります。その特徴は次のとおりです。

2　こんな弁護団はいやだ!!

(1) 特徴

①　人数が多すぎる

人数が多すぎるというのは、ほかのことと関わってくるのですが、まず日程調整が大変なんです。予定が全然決まらないということになります。次のこととも関係してきます。

②　メンバーに温度差がある

熱意に温度差があって、弁護団会議で寝る人なんかは最悪です。後から入った他の予定を優先して弁護団会議を休む人が出たりもします。

③　負担が偏る

人数が多すぎると特定のメンバーに負担がかかり、忙しい人とそうでない人の差が大きくなったりします。

温度差があったり負担が偏ることが続くと、弁護団の団結に悪影響を与えます。

④ 会議が長すぎる

チームのリーダーの個性によるのかもしれませんが、会議が長すぎる場合があります。

かつて、一日に8時間も会議をしたことがありましたが、長すぎる会議では建設的な議論はできないように思います。

⑤ メンバー間に信頼関係がない～リーダーがメンバーを信頼していない

これは私自身の経験です。リーダーが私を全然信頼していないように感じたことがありました。一生懸命自分なりに調べてきて、そのうえでこうだと思いますと述べているのに、全然取り上げてもらえないという経験をしたので、そういうリーダーのチームには加わりたくないな、と感じました。

⑥ リーダーがメンバーに仕事を丸投げする

(2) 人選のポイントはチームワーク（信頼関係）

これらの経験をして、もし自分が弁護団を作るのなら、こういう点を改善したいと思っていました。そこで考えたのは、何よりも人選が大事だということです。

第1に、適切な人数。事件の規模や内容にもよりますが、多くても5～6人程度。もちろんそれぞれが自分の信頼できるひとたちであって、メンバー相互に信頼関係があることも大事な点です。

さらに大切なことは、個々のメンバー間に信頼関係があったとしても、弁護団として揃ったときに、うまくチームワークが取れるかどうかです。言ってみれば、スター選手が5～6人いても、たぶん駄目で、地道な作業が得意なタイプの人とか、書面を書く能力が卓越している人とか、直感が優れている人とか、メンバーにはいろいろなタイプの人がいて、そのメンバー間で信頼関係がすでにできて

いるか、今後信頼関係ができるであろうメンバーを揃えることに専念しました。

　GPS弁護団は、もともと同期が中心で仲が良かったので全員に信頼関係が出来ているというタイプの弁護団でした。いまやっている彫り師の事件の弁護団は、メンバー相互はこれまで一緒に仕事をしたことがないのですが、私自身はひとりひとりの性格や能力をある程度知っていて、たぶんこの人とこの人は相性が良いだろうと考えて人選をしました。

(3)　**8分の1の法則**

　あと、このことは何かの雑誌に書いてあって、読んだときにこれは実践してみようと思ったことですが、「8分の1の法則」というのがあります。みなさんご存知でしょうか。

　まず、人数を2分の1にする。時間を2分の1にする。会議の頻度を2分の1にする。このことを実行すると、たとえば10人のチームが1回の会議を2時間かけて週に2回やったとすると、全部で40時間分を使うことになるところ、全部を半分にすると5時間になる、8分の1になる、という話です。

　私ともうひとりの後輩は刑事事件を中心に扱う事務所にいて、いくらでもこの事件に時間を費やすことができるのですが、他のメンバーは、一般民事事件や家事事件、企業法務という自分の事務所の事件もあるので、いくらでもこの事件の会議に時間を割けるわけではないですし、会議のために昼間事務所を抜けることに気兼ねする面もあったと思うんです。そういう彼らの負担を考えて、極力会議の時間を短くすること、頻度を減らすことを意識していました。

3　リーダーの心構え

(1) 自分が一番働くということ

　私がリーダーになるにあたっての心構えとしたのは、自分が一番働こうということでした。

　たとえば保釈請求書を書くとか、証拠開示請求書を書くとかの細かい作業を率先してやりましたし、被告人の勾留期間が1年以上にわたったのですが、接見はずっと私が行っていました。その他、弁護士であれば誰でもできるような雑用なども、全部私がやろうと思っていました。

　あるいは、全体のスケジュール管理やメンバーの役割分担とタスク管理、たとえば、いつまでに誰がどの書面をどの程度書いて会議に提出するなどを管理していました。時には、期限までに宿題をやってこなかったり、他人の起案した書面に目を通してきていない人もいました。そのときは、私がかなり強くプレッシャーをかけます。最近になってメンバーから言われたのですが、あまりに私の要求レベルが高いので、メンバー間で対策をしていたそうです。今日はどうやって私からのプレッシャーを跳ね除けるかとか、かわすかとかの相談をしてから弁護団会議に出ていたそうです（笑）。

(2) 常にメンバーに目を配る

　もうひとつ心がけたのは、負担が一人に偏らないように、平等になるようにということを常に意識したことです。さらに、いつもメンバーみんなが、同じように熱意をもち、同じ方向を見ているかどうかを観察していました。

　役割分担をするとありがちなのは、この部分はあの人の役割だから自分には関係がない、という風に、他の人の仕事に関心を持たな

いメンバーが出てくることです。GPS弁護団では、たとえば、警察官の証人尋問を担当する人が作成した尋問事項を、メンバー全員で検討していました。意見を言ったり、質問をしない人がいたら、尋問事項案に目をとおしていないと判断し、詰問していました（笑）。私はかなり厳しいリーダーだったと思います。

(3) 会議にはお菓子を忘れないこと

あとはメーリングリストを使っていたのですが、メンバーのどんなメールに対しても、「亀石は読んでいるよ」ということを伝えるために、必ずリアクションをするようにしていました。あと心がけたことは、会議に必ずお菓子を持っていくことです（笑）。このお菓子は結構大事だと私は思っています。厳しいリーダーではありましたが、ベースには弁護団のメンバーに対する感謝がありましたので、その気持ちを常に伝えたかったのです。弁護団のメンバーからは、亀石さんがいつもお菓子を持ってきてくれたことが一番嬉しかった、と言われます（笑）。

　私の考える「チームのあり方」が一番うまくいったと思うのが、GPS弁護団でした。ほかの弁護団でも同じようにやろうと心がけてはいますが、なかなか思い通りには行きません。GPS弁護団は、もともと気心の知れたメンバーで、お互いに性格をよく知っているということもあって、私が思う最も理想に近い、すごく強いチームを作れたと思います。だからこそ、いい結果が出たのではないかと思います。今後難しい事件に取り組むときは、強いチームを作ることが重要だなと感じました。

　以上です。

❖ …… 質疑応答

> **Question** 弁護団の費用（報酬）

今日は、貴重なお話を聞かせていただき、ありがとうございました。チームのリーダーのお話は、みなさん耳が痛かったのではないでしょうか（笑）。ここでお伺いしたいのは、費用のことです。弁護団を組織するときに費用のことはどうされましたか。

> **Answer**

この事件は私選で受けました。着手金は普通に30万円くらいで最初に私が受任しました。

被告人との話し合いのなかで、これは本当に争うつもりか、という話をしたときに、争うつもりなら、解決までに非常に長い時間がかかるし、私ひとりでは難しい事件だから弁護団を作りたい、学者の先生に意見書を書いてもらうとすればお金がかかる。被告人に、その点の負担はできるのかと聞いたところ、被告人はそれでもやりたい、と言いました。自分の身体拘束が長くなることや、もしかしたら主張が認められず却って量刑が重くなるリスクを考えてもらって、それでも争うという被告人の強い意思を感じ、それなら私もやってやろうじゃないか！ということで引き受けてみたものの、費用の面に関しては限界がありました。学者に支払う意見書の費用など、トータルすれば100万円以上の実費がかかっているのですが、それは被告人が負担してくれました。弁護団は、報酬らしいものは貰っていません。最初に貰った着手金を6人で分けたくらいです。

第 1 講　　GPS捜査の最前線

ひとり 5 万円くらいですね。

　私が弁護団を結成するときに同期に頼んだのは、こういう内容の事件であって、報酬は貰えないものだと思って欲しい、それでもやってくれますか?と聞いたときに、みんな「それでもやろう!」と言ってくれたんです。
　これまで私たちは同期で集まって定期的に勉強会をしていました。私は刑事事件ばっかりやっていたので、民事のことを勉強したくて、同期のみんなに教えてもらっていました。ただ、勉強会の仲間で実際の事件に取り組んだことはありませんでした。ですから、ひとつの事件をみんなでやるということにも大きな意義がありました。とにかくGPS捜査が任意処分なのか強制処分なのかという論点が、非常に面白い、やりがいのある論点というようにメンバーは捉えてくれて、これはお金じゃなくてやりがいのためにやろうということで集まってくれたのです。

　ありがとうございました。亀石先生のお金はお菓子代に消えた、というように理解いたしました（笑）。

Question　リーダーの心構えをどうやって作ったか

　弁護団のことでお伺いしたいことがあります。私はCG児童ポルノの弁護団の一員なのですが、一審で無罪は取れず、二審が一部無罪で、現在最高裁に係属中です。
　船頭多くして船山に登るではありませんが、弁護団のメンバーが多くて、期もバラバラで会議の時間も長い。8時間を越える場合も

あって、被告人質問の練習のとき10何時間ということもありまして、気力も尽きるなどということもありました。(自分たちの場合は)ノリでメンバーを増やしていったということもあって、人員の選別が大切なんだなあ、ということを感じました。弁護士というのは個性が強いひとが多くて、強烈な個性を持つリーダーが全員を引っ張っていくことがないと、弁護団としてのまとまりが作れないのかなあ、と感じているところです。亀石先生は今日のご講演のようなやわらかい雰囲気ではなくて、弁護団を引っ張っていく強烈な個性を発揮するタイプなのかもしれませんが、リーダーの心構えはどうやって構築していったのでしょうか。結果的にそうなったのか意識的に作り上げたものか。

Answer

　本屋さんに行くと、「リーダーとはなんぞや」みたいな本がたくさん並んでいると思います。きっとそのような本を読むといろいろと書いてあると思うのですが、私はそういうものを読んだのではなくて、自分が参加した弁護団の中で、こんなリーダーはいやだ!(笑)、というのが心の中にあって、ストックしてあったんです(笑)。それで、もし自分がリーダーになったら反面教師にしようといつも思っていました。

　弁護団での私は、ご指摘のとおり、強烈なリーダーシップを発揮していました。メンバーを問い詰めることもありました。

　でも、それで人が離れていっては困るので、自分にも厳しくしました。メンバーから「亀石さんは人にも厳しいけれど自分にはもっと厳しい。メンバーの中では一番働いているよね」と言われたこと

があります。かといって、私には大した能力がないので、できることといえば雑用です。だから弁護団の雑用はすべて私が引き受けるという気持ちでいました。

　私は理論面では他のメンバーに頼っていて、雑用はやるから大事なところはよろしくね、といつも言ってました。逆にリーダーが優秀すぎても大変なのでしょうか。

第 2 講

メンタルヘルス×労働審判への対応

弁護士 竹花 元

竹花　元　*Hajime Takehana*

　長野県上田市出身。62期。2009年弁護士登録。6年間労働事件を専門に扱う「ロア・ユナイテッド法律事務所」に所属し研鑽を重ね、2016年法律事務所アルシエンのパートナーに就任。これまで150社以上の企業の相談を受け、数多くの労働事件の訴交渉・訴訟、労働審判、労働組合との交渉を経験。著書多数。労働者側、経営側双方の立場で「複眼的に」事件を見る。

第2講　メンタルヘルス×労働審判への対応

はじめに

　ただいまご紹介いただきました弁護士の竹花です。よろしくお願いいたします。本日、メンタルヘルスと労働審判というテーマでお話します。内容は盛りだくさんですが、2時間程度でお話させていただきます。まず今日お話することの全体について俯瞰しておきましょう。52ページをごらんいただきたいと思います。

❖ …… **本研修の目的**

　今回の研修の目的は2つあります。

　1つ目は、メンタルヘルス不調者対応の「型」と「入口・出口」を知り、自分が対応していて今どの位置にいるのかを意識できるようになること。

　2つ目は、紛争が顕在化した場合の法律相談から労働審判手続きの終了後まで、時系列に沿って注意点を確認することです。

　1つ目の「メンタルヘルスの入口と出口」ですが、「出口」というのは労使関係の正常化を意味します。詳しくはのちほど説明します。皆さんも日ごろの業務で実感しておられると思うのですが、会社側から労働相談を受けると、感覚的には半数程度の労働者の方は何らかのメンタルヘルスの問題を抱えているという印象を持ちます。そのため、私たちが労働者側の代理人であっても使用者側の代理人であっても、メンタルヘルス不調者への対応は必須のことがらになると思います。今回の研修は2部構成にしています。

　55ページには「第1部　コンサルフェーズ」と名づけましたが、

図表1 メンタルヘルス対応の全体像

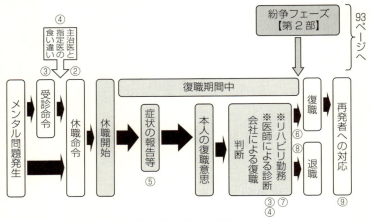

※①〜⑨が第1部のテーマ番号（Ⅰ〜Ⅸ）に対応

このフローチャートは労働者のメンタルヘルス事例について使用者側の立場から対応するにあたって、どういう「型」に沿って行うかを示しています。第2部は、ある時点で紛争が生じた場合にどういう型で解決に向かっていくかを考えていくものです。

図表1ですが、これもひとつの「型」です。従業員のメンタルヘルスの問題の発生によって、もはや職場には置いておけないと判断される場合には休職制度を利用するのがセオリーです。休職制度についてはのちほど具体的に説明します。適宜この「全体像」の図を見ながら説明していきます。時間は左から右に流れていきます。

簡単に説明しますと、労働者にメンタルの問題が発生したときに会社は受診命令というものを出す場合があります。場合によっては、「このまま働くことができるか」について、労働者の認識と会社の

認識が食い違うことがあります。その食い違いを踏まえて、会社は労働者に休職命令を出すという判断をする場合があります。そうすると休職が開始します。休職期間中には、症状の報告をさせたりしますが、本人から復職をしたいという申し出があったとき、会社側は復職の適否を判断します。

　休職制度の特徴として、休職期間の満了を迎えた時に休職の原因となった疾患が治癒していないと、退職という効果が生じる点が挙げられます。なお、この退職が「解雇」であるか「自然退職」であるかは就業規則の定め方次第です。
　ですから、休職期間の満了のときに、退職させるのか復職させるのかという点で、会社と従業員との間で紛争が起きることがしばしばあります。休職期間満了時に復職をさせずに退職させて紛争となったケースを、第2部の「紛争フェーズ」で取り上げることになります。

　復職をさせたからそれで終わるということではなくて、復職をさせてもまた休職をするというケースもあります。これについては、「再発者への対応」ということで説明していきます。
　この図表1の①から⑨というのが第1部のコンサルフェーズでお話しする「テーマ」のⅠからⅨの番号に対応しています。

　それでは図表2を見てください。

図表2　紛争フェーズ（場面ごとの展開）

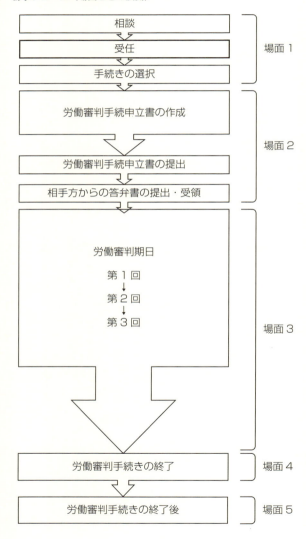

第2講　メンタルヘルス×労働審判への対応

　図表1の「全体像」のところで、復職させずに退職させたために紛争が生じたという前提です。紛争フェーズでは時間の流れが縦になります。「相談」、「受任」、「手続きの選択」のところまでを「場面1」とします。今回は労働審判を取り上げますので、「労働審判手続申立書の作成」から「労働審判手続申立書の提出」、さらには、「相手方からの答弁書の提出・受領」までを「場面2」として取り上げます。「場面3」は、「労働審判期日」（期日は、第1回、第2回、第3回と続きます。）を取り上げ、「場面4」は「労働審判手続きの終了」を、最後の「場面5」では「労働審判手続きの終了後」という局面を取り上げます。労働審判というのは迅速な手続きというイメージがあると思います。これはそのとおりです。労働審判規則にも時間的な制限の規定が書かれています。全体像を見るということから先に説明をしますが、労働審判規則の13条が労働審判の申し立てから第1回の期日までは原則として40日以内と規定しています。ですから、「場面2」の真ん中にある労働審判手続申立書の提出から「場面3」の労働審判期日の第1回までが原則として原則として40日以内、ということになります。

　次に、これは統計的なデータですが、労働審判手続申立書の提出から労働審判手続の終了（場面4）までの平均日数は約70日です。このように、労働審判は解決が非常に早いというのは確かなことです。

第1部　コンサルフェーズ

　事例を設定しました。

1 登場人物
- X　Y社の従業員（男性）
- Y社（燃料、潤滑油等の販売等を事業内容としている会社。従業員20名。）

2 時系列

（1）　平成26年4月
　　XがY社に入社。正社員。職種は営業。

（2）　平成27年4月〜
　　Xに遅刻、欠勤が目立ってきた（無断ではない）。業務上の事務処理ミスも頻発するようになってきた。

（3）　平成27年9月〜
　　遅刻と欠勤が断続的に起こっている。業務時間中もぼ〜っとしていることが多くなってきた。新規の顧客をまったくとれていない。営業部の同僚がフォローしようとするが、Xがお礼を言わないことなどで部の雰囲気も悪化している。

（4）　平成28年2月
　　Xの業務態度を注意した同僚に対して、Xが叫ぶなどして、トラブルを起こした。人事担当者が面接をしてXから話を聞くと、心療内科に通院しているという。

【Y社の就業規則】

第●条（休職）
1　従業員が、次の場合に該当するときは、所定の期間休職とする。
　①私傷病による欠勤が3ヶ月を超え、なお療養を継続する必要があるため勤務できないと認められたとき……1年
　②略
2　休職期間中に休職事由が消滅したときは、もとの職務に復帰させる。
3　第1項第1号により休職し、休職期間が満了してもなお傷病が治癒せず就業が困難な場合は、休職期間の満了をもって退職とする。

第2講　メンタルヘルス×労働審判への対応

　当事者は、Y社の従業員（男性・営業職）Xと燃料や潤滑油の販売を事業内容としている従業員20名ほどのY社です。時系列としては、平成26年4月にXがY社に正社員として入社。職種は営業。その1年後の平成27年4月頃から、Xに遅刻、欠勤が目立ち始め、業務上の事務処理ミスも頻発するようになってきました。さらに5ヶ月経った平成27年9月頃、遅刻と欠勤が断続的に起こり、業務時間中もぼ〜っとしていることが多くなってきました。営業職であるのに新規の顧客も全く取れていません。営業部の同僚がフォローしようとするが、Xがお礼を言わないことなどで営業部全体の雰囲気も悪くなってきました。年が変わって平成28年2月、Xが、Xの業務態度を注意した同僚に対して、叫ぶなどして、トラブルを起こしました。人事担当者が面接をしてXから話を聞くと、心療内科に通院していることが分かりました。

　Xをこのまま働かせていることがXとY社双方にとって適切であるか疑問がある事案だと思います。

　Y社の就業規則ですが、今回の研修のために分かりやすさ優先で設定したものです。実際はもっと複雑に作る必要があります。第●条の1項は「従業員が、次の場合に該当するときは、所定の期間休職とする。」とし休職の定めを置いています。その1号では「私傷病による欠勤が3ヶ月を超え、なお療養を継続する必要があるため勤務できないと認められたとき」には、1年間の休職期間を設けています。つまり、休職に入る前に3ヶ月間の欠勤という状態が継続する必要があります。それでも治癒せずに勤務できないと認められた場合に休職が始まります。

　さらに就業規則は、その2項で、「休職期間中に休職事由が消滅したときは、もとの職務に復帰させる。」としていますが、3項は

「第1項第1号により休職し、休職期間が満了してもなお傷病が治癒せず就業が困難な場合は、休職期間の満了をもって退職とする。」としています。傷病期間の3ヶ月に加え、1年間の休職期間が満了しても治癒しない場合には、退職という効果が生じます。

この3項のところで、「退職」ではなくて「解雇」という定め方をする会社もありますが、これはお勧めできません。この点についても、のちほど説明します。

テーマ❾ メンタルヘルス不全従業員への対応

1 メンタル対応で知っておくべきこと

(1) メンタルヘルス対応の難しさ

まずは、メンタルヘルスに問題を抱える従業員への対応の難しさと、どのような対応をとれば労使関係の正常化が図れるのかについてお話します。

メンタル対応の特徴としては、法律の規定がないこと、したがって定型がないことがあげられます。会社側からすれば、休職の制度は自由に設計することができますし、労働者側としても会社側が辿ろうとする「型」を意識することが必要になります。事案ごとに流れが違うので、実際には「型」と異なる経過をたどることが多いです。それでも、自分の位置を意識し、状況によっては隙あらば自分の「型」に手繰り寄せることを考えておくとよいでしょう。

(2) 休職制度の利用

メンタルヘルス対応において休職制度の利用を避けて通ることはできません。メンタルヘルス疾患により、労務の提供ができない場

合や周りの従業員に深刻な悪影響が及ぶ場合、休職制度をうまく活用して対応します。ここで休職制度とは、ひとことで言えば、会社を一定期間休ませて、一定期間満了時に治癒していない場合、退職させる制度のことです。休職について法律に規定はありません。通常は、就業規則で定めますが、制度設計は基本的に自由です。

休職制度は矛盾を孕んでいます。建前と実質の解離があります。のちほど詳しく述べますが、使用者はこのことを利用して運用します。逆に、労働者はこのことを想定して対応することが必要になります。

ここで全体像を示す52頁の【図表1】に戻ってください。

❖ …… 休職と解雇

入口としては「休職開始」というものがあります。出口としては「復職」するか、復職せずに「退職」することになります。解雇ですと解雇権濫用濫用法理（労契法16条）が適用されますが、休職については入口においても出口においても、裁判所は、解雇ほどに厳格に考えてはいないと思われます。解雇と同様に「退職」という効果が生じるのにもかかわらず、休職の場合は、その入口でも出口でも解雇ほど厳しい制限はないということになります。従って、使用者側の立場からすると、ここに休職制度を使うコツがあるといえるでしょう。

労働契約法16条（解雇）
> 解雇は、客観的に合理的な理由を欠き、社会通念上相当であると認められない場合は、その権利を濫用したものとして、無効とする。

この解雇権濫用法理はもちろん厳しく適用されます。客観的合理的理由と社会的相当性です。そして、解雇の有効性の立証責任は使用者にあります。先に申し上げておきますと、休職制度の一番最後、「復職させるかどうか」の点で治癒すれば復職させるわけですが、この治癒したかどうかの立証責任に関する今の裁判例の趨勢は、「治癒したかどうかの立証責任は労働者側にある」というものです。このように立証責任の面からみても、解雇と休職による退職はだいぶ異なっています。

休職に関しては、法律上の規制がなく、裁判例もそれほど多くないため、裁判所の判断について予測可能性が非常に低い分野です。

2　代理人としての目標

代理人の目標は、いうまでもなく依頼者に最大の利益をもたらすことです。

その最大の利益の要素のひとつに「労使関係の正常化」があります。先ほど、休職の「出口」部分でもお話しました。

メンタルヘルス問題の「終わり方」は、次の3つに整理することができます。

1つ目が、メンタルヘルス問題が解消して復職すること。2つ目は、パフォーマンスは低下したままなのだけれど、それに応じた職務、賃金に変更すること。3つ目が、退職するというパターンです。

私の職務経験上、3つ目の終わり方が多いのが現実です。社内でメンタルヘルスが問題になるケースでは社内の人間関係が影響することが多いので、復職というのは現実的には難しいことが多いといえます。ですから、「復職したい」という建前を主張するか否かは別の考慮が働くとして、実際には治療と転職を見据えたほうがよい

ケースも多いだろうと思っています。

テーマI　私傷病休職制度の基本

次に、私傷病休職制度とはどのようなものか。就業規則ではどのようなことをポイントにして制度を作るべきかについて考えましょう。

1　私傷病休職制度

(1)　定義

まず、私傷病休職制度の定義は、「業務に起因するものでない怪我や病気を理由に、使用者が従業員に対し、一時的に就労義務を免除し、又は就労を禁止する制度」をいいます。法律上、使用者は休職制度の採用を義務づけられているわけではありません。しかし、期間や条件等の差異こそあれ、多くの企業で採用されています。少なくとも就業規則のある会社においては、ほぼ100％の割合で採用されていると言ってもよいと思います。内容的には、大企業ほど労働者のための保護が厚い傾向があります。

(2)　趣旨

次に、休職制度の趣旨について、通説は「解雇猶予のための措置」と考えています。裁判例も通説の立場に立っていて、この独立行政法人N事件（東京地判平成16・3・26労判876号56頁等）でも以下のように解しています。

> 私傷病によって労務の提供が困難になった従業員は、通常、「精神又は身体の故障により業務の遂行に堪えられないとき」などの就業規則上の解雇事由に該当する。
> →本来であれば、これに基づき即時に解雇されても仕方がない。
> →同制度を設けることによって療養による回復を待つこととし、恩恵的に当該従業員の解雇を猶予したのだと解する

　この「解雇の猶予」について図解しました。

　メンタル疾患等により労務の提供が困難になります。そうすると、就業規則の解雇事由に該当する場合には、会社は従業員を解雇することができるようになります。しかし、会社側は恩恵的に休職をさせる、療養による回復を待つことにし、休職期間満了まで解雇を猶予し、休職期間満了までに回復しなかった場合に退職するというのが休職の制度です。

　ただしこの制度は、実際にはこのような運用はされていないだろうと私は考えています。

図表3　解雇の猶予

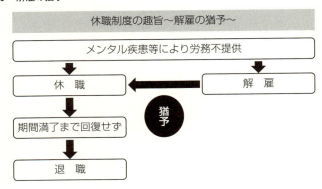

もし休職制度の趣旨が解雇の猶予であれば、「解雇できる状況であるが休職の機会を与えてあげる」ということになるはずです。しかし、実際には、休職するときの入口も休職期間満了時の疾患が治癒したかどうかという出口の判断においても、解雇権濫用法理ほどの厳しい規制は置いていないと思われます。ここに休職制度の建前上の趣旨と運用実態の食い違いが存在し、現実の事件でどのように扱うべきかが問題になります。さらにいうと、解雇の場合の立証責任は使用者にある一方で、休職期間満了時に治癒したかどうかの立証責任は労働者にあるのが裁判例の趨勢であるというのも、理解する必要があります。

(3) 実態

近年、休職や復職をめぐるトラブルが多発しており、多くの企業で制度の見直しを迫られています。紛争の多くはメンタルヘルス問題です。少し古い資料なのですが、平成25年の調査があります。これによると、「9割以上の企業に私傷病休職制度があり、非正規の労働者にも適用されるというものも3割を超えていた。」とのことです。

(独) 労働政策研究・研修機構平成25年6月24日付「メンタルヘルス、私傷病などの治療と職業生活の両立支援に関する調査」

【調査対象】
　全国の常用労働者50人以上を雇用する企業20000社で、うち5904社から回答（有効回収率29.5％）。
【内容】
　9割以上の企業に私傷病休職制度があり、非正規の労働者にも適用されるというものも3割を超えていた。

2 休職中に給与を支払う必要性

(1) 休職期間中の賃金

次に、休職中に給与を支払う必要性があるのかですが、休職制度は、法律に基づくものではないため、制度設計には企業に広い裁量があります。よって企業によってさまざまな形態があります。無給とするもの、有給とするもの、有給であるが一定割合を不支給とするものなどです。この点、歴史の古い大企業ほど手厚い保障がされている傾向がありますが、圧倒的に多いのは無給のケースです。

休職期間中の生活保障はどうするのか、という問題がありますが、通常、休職期間中は健康保険から傷病手当金が出ます。傷病手当金は金額が基本給の3分の2、期間は最大で1年6ヶ月間支給されるので、休業期間中会社からは無給でも、まったく収入が途絶えるとは限らないことを指摘しておきます。

(2) 注意点

ここで注意すべきは、いったん就業規則で定めた条件を変更する場合には、就業規則の変更の手続を要するということです（労契法10条）。そのため、従業員の不利益に変更する場合には、変更の必要性・変更内容の合理性等が必要となります。休職制度を作るかどうか、どういう内容で作るかについて会社側は基本的に自由に決定できますが、いったん作ってしまうと、これを不利に変更するには法律のハードルを越える必要があります。たとえば、休職期間の給与支払いについて有給と定めておきながら、あとから無給に変更するには、ハードルを伴うことになることを留意してください。まずはじめにどのような休職制度を作るかが重要になります。

第 2 講　メンタルヘルス×労働審判への対応

テーマⅡ　企業からの休職命令の可否

　次に、断続的に欠勤する従業員に対し、休職を命じることができるかが問題になります。また、体調不良を理由に欠勤している従業員の申告に疑義がある場合にはどう対処をしたらよいのでしょうか。

1　問題の所在

　従業員をいったん休職というレールに乗せると最終的には退職に行き着く可能性があるので、企業としては、このレールに乗せたいわけです。従って、休職させるかどうかは戦略的に重要なポイントだと言えます。ただ、本件のように欠勤が断続的に生じている場合、休職させづらいわけです。なぜなら、これも就業規則の定め方によるのですが、「連続3ヶ月欠勤したら休職」という定め方をしていると、断続的な欠勤の場合、これに該当するのかという疑問が生じるからです。

(1)　休職に至る一般的なプロセス

　一般的には、まず有給休暇を消化させます。続いて、一定期間の連続欠勤があるわけですが、今回の事例だと3ヶ月になっています。それでも治癒しないときは休職が開始されます。

　休職開始のきっかけは、「本人の申請」あるいは「会社が一方的に休職を発令する（休職命令）」のいずれかです。

　もともとは、欠勤状態が継続するときに休職命令を出すことが想定されていました。怪我であればこれでよかったのですが、メンタルの疾患が増加した現在ですと、うまく対応できない場合があります。

(2) **近時の傾向**

　最近では、従業員が、体調不良を理由に頻繁に欠勤したり、遅刻や早退を繰り返したりするケースが増えています。これは、メンタルの問題が関係するケースが多いと思います。ところが、多くの企業の就業規則では、連続した欠勤が一定期間続くことが休職開始の要件となっており、「断続的な欠勤」等の事態は想定されていないのが通常です。この場合、就業規則の上では休職開始の要件を満たしていないことになってしまいます。

　しかし、出勤が常ならない状況では、当該従業員に責任のある業務を任せることは困難です。また、このような状況を容認すれば、他の従業員の士気にも悪影響が及ぶ懸念があります。

　そこで断続的に欠勤や遅刻・早退等を繰り返す従業員に対して、どうすれば会社が一方的に休職を命ずることができるかが問題となります。

2　就業規則の定め方

❖ …… **休職事由**

　まず、休職開始の条件を「心身の不調により〇か月間に〇割以上の出勤ができなかったとき」という定める方法があります。この場合は、断続的な欠勤であっても、この規定を当てはめて休職に持ち込むことができます。

　ふたつ目は、「心身の不調により継続して通常勤務することが困難なとき」という定め方があります。これに基づき休職を命ずるには、実態としても担当業務に支障が生じる程度の欠勤等が続いていることを要するものとされています。

　問題は、上記のような規定がない場合です。

この場合は、「前各号に準ずるやむを得ない事由があるとき」といった包括規定で「私傷病による欠勤が連続して○日以上続いたとき」等の定めを準用することになります。

休職命令を正当化するためには、就業規則の明確な条項に該当するか、もしくは通常の勤務に堪えられず、治療を要することが客観的に明らかであるなどの事情が求められます。

次に、規程の典型例を示します。

第○条　従業員が、以下の各号の一に該当した場合には、会社は従業員の申請に基づき、または職権により、従業員に休職を命じることができる。
(1)疾病または負傷による欠勤、並びに当該欠勤と関連する事由による遅刻及び早退の合計日数が、欠勤開始日から○か月間に○○日に達した場合
(2)会社の承認を得て公職に就任したとき
(3)会社の命令により、会社外の職務に就任したとき
(4)刑事事件に関して起訴されたとき
(5)その他特別の事情があり、会社が休職を相当と認めたとき

会社が発する休職命令は、この条文の柱書き部分の「職権により」というところに規定されています。また、第1項の「遅刻及び早退の合計日数が、欠勤開始日から○か月間に○○日に達した場合」という規定によって、断続的な欠勤をカバーすることができるので、これによって休職命令を出すことができます。なお、4項は、いわゆる起訴休職と言われるものです。

会社が休職命令を発する場合には、書面をもってすることが望ましいので、書式の例を作ってみました。休職命令を出すときには、従業員が会社に出てこられない状態であることが多いでしょうから、その場合にはメールに添付などすることになるでしょう。

> 休職命令書
>
> 　貴殿は、平成〇〇年〇月〇日より〇月〇日までの間に、「お腹が痛い」などの理由により、断続的に〇日欠勤し、かつ〇日の遅刻及び〇日の早退をしています。上記欠勤、遅刻、早退の日数を合算すると、上記期間内に〇〇日となることから、会社は貴殿に対し、就業規則第〇条〇号に基づき、平成〇〇年〇月〇日より〇か月間の私傷病休職をするよう業務命令します。

3　休職命令の有効性

　休職に関する就業規則上の要件を満たしたことを前提に、どういう場合に休職命令をすることができるかという問題です。

(1)　基本的な考え方

　休職事由の存否に関する立証責任は、休職を求める側が負担します。これは休職の入口のところです。ですから、本人の請求によって休職する場合には、休職事由があることを本人が立証することになります。会社が休職命令を発する場合には、休職命令があることを会社が立証することになります。そして、多くの場合に問題になるのは会社側が休職命令を発するケースです。

　実は、休職命令の有効性が問題となった事案はそれほど多くはありません。多くの場合は、休職期間の満了時に復職可能か否か、即ち、私傷病休職の原因が「治癒」しているか否かが争われます。その理由の1つには、休職命令時の本人のコンディションがあります。つまり、休職命令を発する場合、本人もかなり参っており、休職命令の有効性を争う気力がないケースが多いこと。2つ目に、解雇と比較しての変化の小さいことです。即ち、休職しても従業員は突然職を失うわけではありませんし、休職期間中も、傷病手当金が最大1年6ヶ月、金額的にも通常の賃金の3分の2が支給されるため、

解雇と比較してドラスティックな変化が生じません。その意味で、休職の入口で争いが生じることは少ないわけです。

(2) **裁判例**

少ない裁判例の中でも有名なのは、健康診断結果から休職を命じられた労働者が休職事由の存在を争った日本ヒューレット・パッカード事件（東京地判平成27・5・28労経速2254号3頁）です。

> 「職種等に限定がないことを考慮しても、被告社内における配置転換により労働契約上の債務の本旨に従った履行の提供をすることができるような職場を見出すことは困難」として、休職命令を有効と判断した。

この下線部ですが、解雇権濫用法理と比べると相当に緩いといえます。解雇の有効性判断で、「労働契約上の債務の本旨に従った履行の提供ができないから解雇できる」とは考えられていません。繰り返しますが、休職制度が「解雇の猶予」であるという説明は実態を表していないと思われます。

なお、労働判例はなぜか会社名が事件名になります。

会社側の代理人として訴訟を行う場合には判決に至ると事件名として会社名が公表されるリスクがあることを依頼者に説明する必要があります。

4 体調不良の申告に疑義がある場合の方策

続いて、休職させるかどうかを判断する過程で、従業員による体調不良の申告に疑義がある場合の方策が問題となります。

この場合、当該従業員の申告が虚偽であれば、懲戒処分や解雇等の措置が検討対象になります。ここで主治医の診断書が出ている場合には、いきなりこれを覆して懲戒処分や解雇することは困難です。

当該従業員の申告を会社単独で虚偽と断じて処分をすることは、かなりリスクが高いといわざるを得ません。

そこで、次のテーマで述べるような会社が指定する医師の受診命令を活用することになります。また、そのとき、会社の指定医と従業員の主治医の意見が対立する場合があります。これについてはのちほど述べます。

テーマⅢ　受診命令

メンタル不全が疑われる従業員に対し、会社が指定する医師への受診を命じることができるか。また、従業員が受診命令に従わない場合にはどうしたらよいか考えてみましょう。

この論点は休職命令を発するときだけでなく、休職期間満了時に復職をさせるかどうかの局面でも問題になります。

1　受診命令の可否

(1) 考え方の出発点

医師の診察を受けるかどうかは、本来は各人の自己決定に委ねられるべきものです。

法律で定められている場合（安衛法66条等）に加重して、使用者が従業員に対し、合理的な理由なく受診を命じることはできないのが建前です。

(2) 労働関係における特殊性

勤務の実態からみて健康状態に問題があると思われる従業員が、会社からの受診の勧めに応じない場合や、復職を希望する休職中の者が医師の診断を拒否する場合は、会社が従業員に対し、医師の受

診を業務命令として命じることは、合理的な理由のある措置だと考えられます。

実務においても、医師の診断書は、従業員の病状に関する客観的な資料として、従業員を休職させる場合も、これを復職させる場合も、その是非の判断を求められる会社にとっては欠くことができません。受診命令は、とらえ方によっては、使用者の労働者に対する健康配慮義務（安全配慮義務）の履行のためにも必要となります。

ここで極めて重要な判例があります。過労死が問題となった「電通事件」といわれるものです。

〔電通事件〕最判平成12・3・24（労判779号13頁・民集54巻3号1155頁）

> 使用者は、その雇用する労働者に従事させる業務を定めてこれを管理するに際し、業務の遂行に伴う疲労や心理的負荷等が過度に蓄積して労働者の心身の健康を損なうことがないよう注意する義務を負うと解するのが相当であり、使用者に代わって労働者に対し業務上の指揮監督を行う権限を有する者は、使用者の右注意義務の内容に従って、その権限を行使すべきである

また、使用者による受診命令の有効性を明確に肯定したものとして、次の最高裁判例があります。

〔電電公社帯広局事件〕最判昭和61・3・13（労判470号6頁・裁判集民事147号237頁）

> 要管理者は、労働契約上、その内容の合理性ないし相当性が肯定できる限度において、健康回復を目的とする精密検診を受診すべき旨の健康管理従事者の指示に従うとともに、病院ないし担当医師の指定及び検診実施の時期に関する指示に従う義務を負担しているものというべきである

この判例で、「健康管理従事者」とは使用者のことです。

従業員が受診命令に従う義務が生じる根拠は、労働契約上の信義則（労契法3条4項）や労働者本人の健康保持努力義務（安衛法66条の7第2項）から導き出されると考えられています。従って、就

業規則に根拠規定がなくても、使用者は従業員に受診を命じることができます。

ただし、従業員との間で受診義務の有無につき見解の相違が生じる事態を避けるうえで、次のように就業規則で受診を命じることができる旨の定めを置くことが望ましいでしょう。

■規程例

> 第○条　頻繁な欠勤、遅刻、早退等により従業員の健康状態に問題があると認められる場合、会社は、当該従業員に対し、産業医または会社が指定する医師の診察を受けることを命じることができる。

2　従業員が受診命令に従わない場合

(1)　受診命令に従わない場合の措置

従業員が受診命令に従わない場合には、業務命令違反として懲戒処分の対象になりえます。もっとも、懲戒処分と言っても、訓戒等の軽度の処分ならともかく、いきなり重い処分をすることは勧められません。そのような懲戒処分は労契法15条により無効となるリスクが大きいと言えます。

ただし、従業員の粗暴な言動から精神疾患が疑われることを理由に受診を命じたにもかかわらず、これを無視してなお粗暴な言動を繰り返すという場合には、粗暴な言動を非違行為としてある程度重い懲戒処分が正当化されることもあるでしょう。

(2) 解雇できないか

それでは、受診命令の拒否を理由に解雇することはできないでしょうか。

受診命令を無視しつつ、欠勤や遅刻等が一向に改善されないときには「精神又は身体の故障により業務の遂行に堪えられない」とい

う就業規則の規定があれば、普通解雇が認められる場合があります。

〔青森県教委等（市立新城中学校）事件〕青森地判平成4・12・15（労判625号26頁）

> 校長の受診命令を拒否しつつ、「妨害電波・不法電波・不正電波の妨害が多く、それらの妨害やゆすりたかりなどに対処するためである」などと言って欠勤を続けた中学校教諭につき、これを分限免職とした処分が適法とされた。

ここで、「分限免職」とは公務員に対する解雇に該当する措置です。

(3) 復職時の場合

休職中の者に対し、復職の可否判断のために受診命令を発する場合があります。この場合も、受診命令に従わない者に対しては、治癒がないとして復職を認めない扱いが正当化されます。復職時に治癒したことの立証責任は、従業員側が負っているというのが裁判例の趨勢であることとも関連します。

〔電電公社帯広局事件〕最判昭和61・3・13（労判470号6頁・裁判集民事147号237頁）

> 「健康管理従事者の指示する精密検診の内容・方法に合理性ないし相当性が認められる以上、要管理者に右指示に従う義務があることを肯定したとしても、要管理者が本来個人として有している診療を受けることの自由及び医師選択の自由を侵害することにはならない」と判示した。

この判例で、「健康管理従事者」とは使用者、「要管理者」とは従業員のことを指します。

会社は労務管理上、従業員の心身の健康を損なうことがないよう注意する義務を負っています（健康配慮義務）。

他方、主治医の診断に不審な点があるなど、他の医師の診断を求めることにつき合理的な理由がある場合には、就業規則上の明確な

定めの有無にかかわらず、会社指定医の受診を命じる業務命令は認められます。

　従業員の側にも医師選択の自由があるとはいえ、主治医の受診が禁止されるわけではなく、他の医師の診察を受けたところで格別な負担が増えるわけでもないことを考慮したものだと考えられています。

　受診命令に関する就業規則の規程例を示しました。この復職の局面でも、さきほどの休職の場合と同様、就業規則上の根拠がなくてもこれを命じることができます。

■規程例

> 第○条　従業員から復職申請があった場合、会社は、復職の可否を判断するため、復職希望者に対し、産業医または会社が指定する医師の診察を受けることを命じることができる。

3　主治医の診療記録等の開示を求めることは可能か

(1)　必要性

　会社は従業員の、診断書ではなく、診療記録（カルテ）の開示を主治医に求めることができるのでしょうか。

　会社側としては、長期間に及ぶ診察や治療（特に投薬等）の履歴は、会社指定医の診断の正確性を担保するうえで欠かせない場合があります。会社指定医が診察しただけで復職の可否を判断することは、必ずしも簡単ではありません。

(2)　具体的手続

　ただし、これらの情報は従業員のプライバシーに関わるものであり、かつ秘匿性が高いことから、当該従業員の同意が不可欠です。規程例を示しました。

ポイントは、会社側は従業員のカルテを勝手に見ることはできないことを前提に、従業員にカルテ開示への同意を義務付けるという規定の仕方です。就業規則に規定したからといってカルテ開示への同意まで有効なのかは疑問が残るものの、就業規則に書いておくことで、事実上、カルテ等を見せてもらえる可能性が高まるという意味はあります。

■規程例

> 第〇条 従業員から復職申請があった場合、会社は、復職の可否を判断するため、復職希望者に対し、主治医宛ての医療情報開示同意書（会社またはその産業医、指定医、指定カウンセラー等が、従業員の主治医から、従業員の診療記録、カウンセリング記録、レセプト等の写しの提供を受けたり、従業員の病状に関して直接説明を受けたりすることにつき従業員が同意する旨の文書をいう）を提出するよう命じることができる。

仮に従業員から口頭で同意がとれた場合にも、きちんと記録に残しておく必要があることから、同意書を書面で取得しておくことが適切です。

■書式

> 医療情報開示同意書
> 私は、貴社または貴社の指定する医師が、私の主治医である〇〇クリニックの〇〇医師より、私に関する診療記録、看護記録、カウンセリング記録、レセプト、及びレントゲン写真等（初診以来今日までに作成されたもの及び今後作成されるもの）の写しの提供を受けたり、私の病状に関する直接の聞き取り説明を受けたりすることにつき同意いたします。

テーマⅣ　主治医と指定医の食い違い

　主治医の診断書と会社指定医の診断書の内容が食い違う場合にどうすべきか、ということが問題になります。

　これは休職の入口の場面でも、出口の場面即ち、休職期間満了時に疾病が治癒したかどうかの判断の局面でも問題になります。

1　企業のとるべき対応

　休職命令予定者・復職希望者との面談結果や双方の医師による診断結果の説明等を踏まえ、会社は慎重に判断を下すことになります。実に歯がゆいのですが、こういうふうにしか表現できません。事案ごとに判断するほかありません。

　重要なのは、休職命令を出すかどうか、治癒したことを前提に復職させるかどうかを決めるのは会社だ、ということです。主治医や会社指定医の診断書等は判断の資料にはなりますが、最終的に決定をするのは会社です。

　医師の判断が食い違った場合の具体的な裁判例をみてみましょう。3つあります。この3つの裁判例では、いずれも会社指定医の判断を尊重しています。

〔B学園事件〕大阪地決平成17・4・8（労判895号88頁）

> うつ病を理由とする休職者の復職の可否が争われたにおいて、裁判所は、主治医が休職者の立場に配慮して、休職者に有利になるように診断内容を供述した可能性も否定できないと指摘しつつ、会社指定医の診断結果を採用し、復職できるほど回復したとは認めなかった。

第2講　メンタルヘルス×労働審判への対応

〔日本通運（休職命令・退職）事件〕東京地判平成23・2・25（労判1028号56頁）

> 産業医と主治医の意見が著しく対立する中で、裁判所は、復職が困難である旨の産業医の意見のほうが説得的であるとしてこれを採用している。

　産業医は、定期的に企業を訪問する医師です。会社が受診命令先として産業医を指定することも多いので、ここでは、産業医も会社指定の医師の一種だと考えて差し支えありません。

　3つめの裁判例は、〔独立行政法人N事件〕です。

東京地判平成16・3・26（労判876号56頁）

> 会社指定医の診断がない状況において、主治医の「現時点で当面業務内容を考慮した上での通常勤務は可能である」旨の診断書の信用性が否定されている。

　裁判所としては、会社指定医の見解が信用できる、という一般的な判断をしているわけではなくて、事案ごとに判断されます。復職希望者の外形的な観察から推察される回復の程度（職務遂行能力や言動など）を重視しつつ、どちらの診断が信頼できるかを判断しているものといえます。

2　実務上の留意点

　実務において私たちは、休職命令の場面でも、復職可否の判断の場面でも、その最終的な判断は、医師ではなく会社が行うことを銘記すべきです。従って、就業規則に主治医や産業医による所見等はその参考資料であること等を明記しておくとよいと思います。

　会社指定医の判断に基づいて復職を認めないという判断を会社がする場合には、指定医の診断を裏付ける資料を充実させておきたいです。たとえば、復職希望者との面談記録、復職希望者の言動の記

録などがそれにあたります。

テーマV 休職期間中の症状報告

次に、従業員が休職に入った以降のことを考えてみましょう。

休職期間中に病状を報告させることはできるかが問題となります。

1 報告義務を課すことの根拠

まず、会社が従業員に報告義務を課す根拠ですが、これは休職制度の趣旨から導かれます。

即ち、休職者は、会社から解雇を猶予されているのであるから、休職期間中は療養に努めなければならず、定期的な医師の診察を受け、その指示に従って治療を行う義務を負うからです。

ゆえに、会社が休職者に対し、定期的に診断書を提出させるなどの報告義務を課すことは可能、ということになります。

2 就業規則上の根拠が必要か

それでは、休職期間中の報告義務について就業規則に規定する必要があるのでしょうか。ここでも休職制度の趣旨から考える必要があります。結論から言うと、就業規則に明文規定がなくても報告義務を課すことはできます。

それは、会社としても、復職可否の判断資料や、今後の人員の配置や採用計画の資料としたりするうえで必要だからです。

このように、就業規則上の根拠がない場合であっても、休職者に対して病状の報告義務を課すことは認められますが、当然ながら、就業規則に診断書提出義務を記しておく方が明瞭ですし、紛争も起

きにくくなります。就業規則で定める場合、会社は随時提出を求めることができる旨定めておくことが望ましいです。

たとえば、次の規程例をご覧ください。この規程例では、定期報告の頻度を毎月としましたが、これは適宜決めることができます。

■規程例

> 第○条 私傷病により休職する従業員は、休職期間中、主治医の指導に従い療養に努めるとともに、原則として毎月、傷病等の状態及び休職の必要性等を記した医師の診断書等を添えて会社に傷病等の現況を報告しなければならない。
> 2 前項のほか、会社の指示があったときは、休職中の従業員は、随時、前項と同様の報告をしなければならない。

なお、報告を求める際の書式に定型があるわけではありませんが一例を示します。

■書式

> 病状報告命令書
> 貴殿は、平成○○年○月○日より、私傷病休職を取得していますが、休職期間開始より3か月を経過したにもかかわらず、会社に対して病状を報告していません。ついては、主治医の診察を受けたうえで、平成○○年○月○日までに、診断書を会社へ提出するとともに、病状を報告するよう業務命令します。

テーマⅥ 復職希望への対応、復職を認めるべき条件

休職関係ではこの段階が最もトラブルが起きやすい場面です。休職中の従業員が復職を求めてきた場合に、復職を認めるか否かをどのように考えればよいかが問題となります。

これまでは休職開始時や休職期間中の法律問題を検討してきましたが、これからは復職の可否をどう判断するか、という場面です。

1　休職期間満了の際の取扱い

まず、基本的なところを押さえておきましょう。休職期間満了時以前に傷病が治癒した場合と治癒していない場合を分けて考えます。

> ①　休職期間満了時以前に傷病が「治癒」した場合
> 　⇨休職は終了し、復職することになります。
> ②　休職期間満了時に傷病が「治癒」していない場合
> 　⇨この場合は、休職期間満了に伴い解雇又は自然退職となります。

休職期間満了時の効果「解雇」であるか「退職」であるかは、就業規則の定め方次第ですが、退職と定めておくべきです。

ちなみに、休職期間満了による退職のことを「自然退職」と呼んでいます。どういうことかといいますと、上位概念として「退職」があり、労働関係が解消したことを意味します。この退職の理由として、従業員側から一方的に労働契約終了の意思を表示する場合は「辞職」、会社から一方的に退職の意思を表示する場合が「解雇」、使用者と従業員が退職を同意した場合には「合意解雇」、これらに並列の位置づけとして、休職期間が満了した場合にその効果として労働関係が解消する場合を「自然退職」と呼んでいます。

第2講　メンタルヘルス×労働審判への対応

退職：労働関係の解消

辞　　職	従業員側から一方的に労働契約終了の意思を表示する
解　　雇	会社から一方的に労働契約終了の意思を表示する
合意解雇	労働関係の解消につき会社と従業員が合意する
自然退職	休職期間が満了した場合にその効果として労働関係が解消する場合

　復職をめぐる実際の紛争の多くは、復職の要件である「治癒」の有無について争われます。休職期間が満了しても復職が困難である場合には、就業規則に基づき「解雇」又は「自然退職」となります。何度も申し上げていますが、自然退職と定めておく方が会社側に有利です。なぜなら、解雇ではないのですから、解雇予告手当の支払い義務は負いませんし、解雇通知をする必要がないからです。解雇通知が必要ないということは、仮に本人と連絡が取れなくなっても、通知を到達させる必要がないことになります。自然退職は、時間の経過によって退職という効果が生じるからです。

　よって、休職期間満了時の効果を就業規則に規定するときには、次の規程例のように、解雇ではなくて退職と記載することをお勧めします。

■規程例

第○条　休職期間が満了しても休職事由が消滅しない場合には、従業員は、休職期間の満了をもって退職する。

2　どのような状態であれば「治癒」といえるか

　次に、従業員は、どのような状態になっていれば「治癒」したと

いえるのでしょうか。通常、従業員としては、傷病が治癒して働くことができると主張したいわけです。裁判例を見ていきましょう。

この部分は、明瞭な基準を定めたものはなくて、裁判結果の予測可能性がとても低い分野です。

(1) **裁判例の推移**

裁判例のいくつかを時系列に沿って紹介しますが、確立したルールというものを見出すことは困難です。

1つ目は〔平仙レース事件〕浦和地判昭和40・12・16（労民集16巻6号1113頁・判時438号56頁）と呼ばれる事件です。

> 病気休職者が、復職するための事由の消滅としては従前の職務を通常の程度に行える健康状態に復したときをいうものというべきである。

裁判例は、従前の職務より軽度の作業をなし得るだけでは、治癒したとはいえず、復職の要件を満たさない、と言っています。

次に〔エール・フランス事件〕東京地判昭和59・1・27（労判423号23頁・判タ972号122頁）ですが、

> 復帰当初は肉体的疲労の少ない事務中心の業務のみを行わせるなどして、徐々に通常勤務に復させていくことも充分に考慮すべきであると判示して、休職期間満了による自然退職の取扱いを無効とした。

この裁判例によると、復職直後は休職以前と同じ職務ができなくても、徐々に回復して以前と同じ職務がこなせるのならば復職させるべきである、と言っているように読めます。

(2) **片山組判決の登場**

以上のように、復職の事例は非常に判決を予測しにくいわけですが、この後に出された判決として重要なのが、〔片山組事件〕最判

第2講　メンタルヘルス×労働審判への対応

平成10・4・9（労判736号15頁・判タ972号122頁・判時1639号130頁）と言われるものです。

　この事案は、休職・復職に関するものではなく、精神疾患も関係していませんでした。しかし、この判決以後、精神疾患を含めた私傷病休職者の復職の場面において、「治癒」があったか否かの判断に踏襲されるようになっています（〔全日本空輸事件〕大阪高判平成13・3・14労判809号61頁〔むち打ち症の事案〕、〔キヤノンソフト情報システム事件〕大阪地判平成20・1・25労判960号49頁〔自律神経失調症等の事案〕等）。

　この最高裁判例をひとことで言えば、業務命令の裏返しとして、会社側が従業員に対して業務命令ができる範囲については、退職させる場合には労務の提供の場についていろいろと配慮すべきである、ということです。「　　　」の部分が重要です。

　バセドウ病と診断された現場監督者が、負担の少ない内勤の事務作業に従事することを会社に申し出たのに対し、会社が同人に無給の自宅治療命令を発したという事案において、「<u>労働者が職種や業務内容を特定せずに労働契約を締結した場合においては、現に就業を命じられた特定の業務について労務の提供が十全にはできないとしても、その能力、経験、地位、当該企業の規模、業種、当該企業における労働者の配置・異動の実情及び難易等に照らして当該労働者が配置される現実的可能性があると認められる他の業務について労務の提供をすることができ、かつ、その提供を申し出ているならば、なお債務の本旨に従った履行の提供があると解するのが相当である。</u>」として、自宅治療期間中の賃金を支払うよう会社に命じた。

---

(3)　片山組判決を踏まえた実務上の留意点

　この片山組判決で争われた従業員は、職種に限定のない労働契約でした。最高裁は、会社側の業務命令としてさまざまな業務に配置転換をすることができる以上は、従業員を退職させる前に、従業員

が配置転換を希望しているのならば、会社側はそこへの配置転換を検討しなければならない、と判断しています。

そうだとすれば、職種が限定されている場合、たとえば営業職という限定した職種で採用されたような場合、会社が配置転換できるのは営業の範囲ということで、復職の範囲についても、営業職以外の配置という考慮は必要でない、ということになります。あくまでも業務命令権の裏返しが復職時の配置転換を検討する範囲になります。

具体的に、休職者から復職希望がされた場合に、職種の限定がなかったときには、休職前の職種への復帰のみならず、会社としては、<u>復職希望者の能力、経験、地位、当該企業の規模、業種、当該企業における労働者の配置・異動の実情及び難易等に照らして、当該労働者が配置される現実的可能性があると認められる他の業務があるかどうかを</u>、まずは検討しなければなりません。

ただし、最高裁も、企業の規模等によっては「配転の現実的可能性がない」という状況があることも想定しています。また、最高裁も、配置すべき業務を新たに創設することまで求めているわけではありません。

(4) 片山組判決以後

片山組判決は会社に配置転換の可否を広く検討させていますが、同判決以後も、復職を認めず退職扱いしたことを有効とする裁判例も少なくないことに注意してください。相変わらず、予測可能性は低いといえます。

〔独立行政法人N事件〕（東京地判平成16・3・26（労判876号56頁））というのがあります。

> 片山組事件最高裁判決の枠組みを踏襲しながらも、復職に当たって検討すべき「従前の職務」とは、当該従業員が休職前に実際に担当していた職務ではなく、通常の職員が本来行うべき職務であるとし（休職前に当該従業員がしていた業務は、病状や本人の希望を考慮した単純な事務作業であり、同法人において通常の職員がこなす業務ではなかった。）、結論として、「当初軽易な職務に就かせれば程なく従前の職務を通常に行うことができると予測できる場合とは解されない」ことを理由に解雇を有効としています。

　短期間で本来の業務をなし得る程度に回復するかという点につき厳格に判断した裁判例であって、立証の目標を設定するうえで実務上参考になります（他に〔横浜市学校保健会（歯科衛生士解雇）事件〕東京高判平成17・1・19労判890号58頁〔頸椎症性脊髄症の事案〕等）。

2　休職事由消滅（治癒）の立証責任

　休職開始の際は、休職を求める側が職務に耐えないことを立証しなければなりません。従業員が休職を求めるのであれば従業員が、休職命令であれば会社側が休職事由の立証責任を負います。なお、休職命令の有効性審査でも、解雇の場合ほど厳しいものではないですし、現実に争われることが少ないことは、すでに指摘したとおりです。

　さて、休職事由消滅（治癒）の立証責任については、かつては、使用者に立証責任を負わせる見解と労働者に立証責任を負わせる見解が拮抗している状態でした。ところが最近の裁判例では、労働者負担とするものが多くなってきています。代表的なものとして次の裁判例を挙げておきます。

　　B学園（賃金支払仮処分）事件・大阪地決平成17・4・8（労

判895号88頁)
在日米軍事件・東京地判平成23・2・9（判タ1366号177頁）
伊藤忠事件・東京地判平成25・1・31（労判1083号83頁）
アメックス事件・平成26・11・26（労判112号47頁）

　以上から、現在の裁判例の傾向を踏まえると、復職の段階では労働者側が「治癒したこと」の立証責任を負担するものとして対応する必要があります。

　休職の出口の段階、すなわち、復職の可否が争われる段階でも、解雇権濫用法理のような厳格な審査は要求されていないのが実務の運用です。

テーマⅦ　リハビリ勤務

　次にリハビリ勤務について検討します。これは復職可否の判断過程で行われることが多いです。

　リハビリ出社・リハビリ出勤とはどのような制度でしょうか。法的な位置づけを確認しましょう。

1　リハビリ勤務・リハビリ出勤

　リハビリ勤務等について、リハビリ出勤、模擬出勤、通勤訓練等いくつかの呼び方があります。今回は、「リハビリ勤務」という言い方にします。

　一般的に、リハビリ勤務とは、休職期間中に、復職へ向けた準備として、あるいは復職の可否を判断するために、一定期間継続して定時に出社したり、出社後に一定時間軽作業をしたりする制度のことです。

2 リハビリ勤務中の法律関係

次に、リハビリ勤務中の法律関係について、次のような裁判例があります。

〔光洋運輸事件〕名古屋地判平成元・7・28（労民集40巻4・5号463頁・労判567号64頁・判タ750号192頁）では、次のように述べています。休職制度と同じように判断していることがわかります。

> リハビリ出勤等の制度を設けることは、会社の義務ではないので、その制度設計には、会社の広い裁量が及ぶ。

まず、リハビリ勤務中に休職期間が進行するかどうかが問題となります。

この点は、制度設計次第ですが、リハビリ勤務は、休職期間中の復職へ向けた準備措置であるから休職期間が進行するというケースが多いでしょう。イメージとしては、休職期間の満了の少し前にリハビリ勤務をさせて、そのときに集めた資料も勘案しながら、休職の可否を判断する、ということです。

次に、リハビリ勤務中は、無給か有給かが問題となります。

これも制度設計次第ですが、単なる「試行」ではなく、軽度でも業務を行う場合は、賃金が発生すると考えられています。もっとも、金額はその労働の対価として相当な額で足りるとも考えられていることから、このあたりの金額等についても就業規則で明文をおいておくことが好ましいです。

☆**参考**

リハビリ勤務等については、厚労省が定めた「心の健康問題により休業した労働者の職場復帰支援の手引き」〔平成21・3・23基安

労発0323001号〕にかなり詳しい記載があります。専門家の活用の仕方等も書かれているので、実際に事件として受任したときは、これを参考にするとよいと思います。

テーマⅧ　復職時の労働条件の変更

次に、復職の際の労働条件の変更について考えてみましょう。

問題となるのは、使用者が復職時に業務軽減措置を講じる必要があるか。また、それに伴い賃金を減額することはできるか、です。業務の軽減と賃金の減額というふたつの側面があります。

1　復職時の業務軽減措置

業務軽減措置ですが、精神疾患に関しては、いったんは治癒したとはいえ、再発することも少なくないことから、復職間もない時期における健康配慮が必要となります。逆に、配慮を欠いた場合、会社が責任を負うことがあります。

この点の裁判例として、次の2つをあげました。

〔ネスレ日本事件〕神戸地判平成9・5・23（労判738号60頁・判タ964号157頁）
〔日本メール・オーダー事件〕東京地判平成16・7・29（労判882号75頁）

> 復職後の通常業務によって、傷病の再発と業務との間の因果関係及び会社の安全配慮義務違反が肯定された事例。

復職後に通常業務させたことが安全配慮義務違反であるという判断です。このような裁判例があることから、安易な復職は使用者にとって悩ましい事態を生じさせることになります。

第2講　メンタルヘルス×労働審判への対応

2　業務軽減措置に伴う賃金の減額

次に、業務軽減措置に伴う賃金の減額ですが、一般論として、賃金減額は非常に難しいです。

賃金減額には、就業規則上の根拠があることが必要条件です。

次に、このような就業規則の定めを必要条件として、業務軽減措置に伴い、賃金が減少することや減少額（又はその算定方法）等が就業規則に明記されていれば、かかる措置も正当化される場合があります。

裁判例としては、次のものがありますが、必要条件を欠いたケースが多いです。

〔渡島信用金庫（懲戒解雇）事件〕札幌高判平成13・11・21（労判823号31頁）
〔マルマン事件〕大阪地判平成12・5・8（労判787号18頁）

> 就業規則上の根拠がないことを理由に賃金の減額が無効とされた例が目立つ。

それでは、どのような規程を就業規則におけばよいのでしょうか。一例をあげます。

■規程例

> 第○条　復職後の職務内容、勤務時間その他の労働条件に関しては、休職の直前のもの（ただし、休職の直前に業務の軽減措置がとられていた場合は、同措置がとられる前の業務。以下同じ）を基準とする。ただし、傷病からの回復の程度等、諸般の事情を考慮し、復職時に休職の直前と同程度の質及び量の業務に復することが困難であり、業務の軽減等の措置をとる場合には、その措置の程度に応じた降格や給与の減額等の調整をすることがある。

なお、何度も申し上げますが、この規程は復職後の賃金減額の必要条件です。この規程がなければ必要条件を欠くので、賃金の減額

はできないと思っていただいてよいのですが、逆に、この規程があったとしても当然に賃金を減額できるわけではありません。

以上の流れで、休職期間満了時、復職させるか、復職させずに自然退職させるかについて会社が判断をすることになります。

テーマⅨ　休職期間の通算

次は、休職期間の通算の問題を検討しましょう。

休職期間の通算の問題というのは、休職・復職を繰り返す者について、休職期間を通算することはできるか。また、休職期間の通算規定を新たに設けることは、就業規則の不利益変更にあたるか、ということです。

1　休職期間の通算制度

(1) 問題の所在

通算規程とは、初回の休職と2回目以降の休職の期間を通算する旨の規定をいいます。

たとえば、メンタルヘルス不調の者が休職期間満了前に復職したものの、ほどなくまた休職をし、その後、新たに進行を開始した休職期間満了前に復職をするということを繰り返す場合、通算規程がないと、いつまでたっても休職期間の満了に至りません。通算規程がないと、従業員が意識的に休職期間満了という状況を作らせずに休職を続けることも可能です。

(2) 企業の対応

多くの企業では、復職しても、それまでの休職期間の残日数が元に戻るのではなく、2回目以降の休職の期間を当該残日数に制限す

るという内容の規定を置くようになってきています。

■規程例

> 第○条　復職した従業員が、同一または同種の疾病により、以下の各号の一に該当する場合には、会社は従業員に対し、再度休職を命ずることができる。
> (1) 復職後○か月を経過するまでの間に、欠勤、遅刻または早退の合計日数が○○日に達した場合
> (2) 以下省略
> 2　再度の休職期間は、初回の休職期間から復職前の休職日数を控除した残りの期間とする。

なお、本条柱書きには「同一または同種の疾病」と定めています。この点は制度設計次第でして、別の疾患であっても通算が可能であるとの裁判例もあることから、「同一または同種の疾病」でなくても通算するという規程も有効と考えられています。この通算規程を設けることによって、従業員が休職と復職を延々と繰り返すという事態を、かなりの程度防止することができます。

2　休職期間の通算規定と就業規則の不利益変更

次は、既に休職制度を設けている企業において、新たに通算規定を定める場合に、就業規則の不利益変更の問題が生じます。このような就業規則の変更は有効でしょうか。

全く同じ論点に関する裁判例ではないのですが、次のようなケースがあります。結論としては、休職期間や欠勤期間を通算することは必要かつ合理的な措置だといえるとしていて、休職制度の規定はあったが通算規定がなかった会社が通算規定を新たに設ける場合は、他の企業がどうしているか等が考慮されたりするので、現状では合理性が高いと考えられています。

〔野村総合研究所事件〕東京地判平成20・12・19（労経速2032号3頁）

> 欠勤期間の通算を容易にする内容の規則の変更（旧規定では、「欠勤後一旦出勤して3か月以内に再び欠勤するとき……は、前後通算する」となっていたのを、「欠勤後一旦出勤して6か月以内または、同一ないし類似の事由により再び欠勤するとき……は、欠勤期間は中断せずに、その期間を前後通算する」という内容に変更した。）は、労働者にとって不利益な変更であることを否定できないとしつつも、「近時いわゆるメンタルヘルス等により欠勤する者が急増し、これらは通常の怪我や疾病と異なり、一旦症状が回復しても再発することが多いことは被告の主張するとおりであり、現実にもこれらにより傷病欠勤を繰り返す者が出ていることも認められるから、このような事態に対応する規定を設ける必要があったことは否定できない。……そうすると、この改定は、必要性及び合理性を有するものであり、就業規則の変更として有効である」と判示した。

　以上によりますと、労働契約法10条に定める適正な手続の下で規則を改定すれば、極端に復職が困難となるような内容でない限り、通算規定の効力が否定される事態は想定しづらいと考えられます。

【小括】

　メンタルヘルスへの対応で重要なことは、アクセルを踏むべきところでは踏むということです。とりわけ、受診命令と休職命令を出すところ、診療状況の報告を受けるなどの場面では、決断が必要です。休職期間満了による自然退職へのレールに乗せてしまう、ということがその1つです。冒頭で申し上げた全体像でご説明した「型」に乗せてしまうと、経営者側の立場であれば主導権を握れることになります。

　皆さんも、企業の人事担当の方から相談を受けることがあって、「社員を解雇してしまったのだけれど」という話を受けることが多いと思います。もっとも、最近では企業の人事担当者もいきなり解

雇してしまう例は少ないとは思います。逆に、ある程度労働法の知識がある人事担当者は、従業員に対する措置に過剰に委縮して、アクセルを踏むことができないでいる場合もあります。その意味で弁護士としては企業の人事担当者に、アクセルを踏むときは踏むことを教えてあげるのも仕事のひとつなのではないか、と思います。

第2部 紛争フェーズ

事案としては第1部のコンサルフェーズと共通です。しかし、事態は進行しています。休職期間満了時に従業員が復職したいと言ったけれど、会社側は疾患が治癒していないという判断のもとで従業員を退職扱いにした、という事例です。納得のいかない従業員側は、復職を求めたいと考えています。事例を読んでみましょう。

●事例

1　相談者（X）は、48才の男性。子どもはおらず、貯金なし。元妻とは8年前に離婚し現在は音信不通である。

2　Xは、平成26年4月1日、燃料、潤滑油、リサイクル燃料、化学工業薬品、石灰石関連商品、産業用機械の販売等を事業内容としている会社（Y社）との間で、営業職として、中途採用で労働契約を締結した。

3　Xは、Y社に入社以降、遅刻、欠勤が増え、平成28年2月には同僚とトラブルを起こした。人事担当者が話を聞くと、心療内科に通院していると告白した。

4　Y社は、Xに休養を促し、Xは傷病手当金を受領しつつ、平成28年3月1日から3か月間欠勤を続けた。Y社は、平成28年6月1日付けでXに対して休職命令を発令した。このとき、Xは特に異議を述べず受け入れた。

5　Xは、休職期間中、Y社の人事担当者に2カ月に1度の定期的な状況の

> 報告をしていたが、休職期間満了の一月前である平成29年5月1日、復職の希望をY社に伝えた。
> 6 Y社は、Xの主治医の診断書、Y社が指定した医師の診断書の内容（Xは受診命令には応じた）、リハビリ勤務の内容等を総合的に考慮して、Xが復職できる状況ではないと判断し、平成29年5月31日付けで休職期間満了による自然退職扱いをした。

　この事例では、Xが復職について弁護士に相談に行くことになり、労働審判に移行します。本日の研修では、まずは、労働審判の一般的なところから説明していきます。

前提　はじめに

1　労働審判とは

(1)　当事者

　当事者についての呼び方は、原告・被告あるいは債権者・債務者という呼び方ではなくて、申立人・相手方となります。労働審判を申し立てた者を申立人、労働審判を申し立てられた者を相手方と呼びます。

　申立人は多くの場合、労働者です。会社側が申立人になれるかについては、のちほど触れます。

(2)　対象事件

　労働審判の対象となるのは、労働契約の存否その他の労働関係に関する事項について個々の労働者と事業主との間に生じた民事に関する紛争です（労働審判法1条）

　例えば、解雇、雇止め、残業代、配転・降格・減給無効、パワハ

第2講　メンタルヘルス×労働審判への対応

ラ、セクハラ等がその対象となりますから、本件のような休職期間満了による効果としての自然退職扱いについても、労働審判の対象となります。

ですから、「労働契約の存否その他の労働関係に関する事項」に含まれない、労働者と事業主間の金銭の貸借や労働組合と事業主との間の集団的な労使関係、会社代表者や上司を相手方とした紛争は対象外なので、申立ては却下されます。

なお、パワハラ・セクハラ損害賠償事案は労働審判の対象事案ですが、使用者に加えて、直接の加害者（労働者、役員等）を相手方にすることができるかが、問題となります。

この点、使用者に対しては、使用者責任や安全配慮義務違反を根拠に労働審判の相手方として責任を追及することはできますが、直接の加害者である個人を労働審判で相手方とすることはできません。労働審判は労働者と事業主との間に生じた民事に関する紛争を解決する手続だからです。

それでは、直接パワハラを行った加害者である上司を労働審判に関与させることはできないのでしょうか。これは、利害関係人として参加させればよいと思います。私が担当したパワハラの事件では、労働審判で調停がまとまるときに上司を利害関係人として参加させて、調停条項に上司からの謝罪文言を入れたことがあります。それくらいが限界だろうと思います。根拠条文としては、労働審判規則24条があります。

労働審判規則24条（利害関係人の参加についての意見聴取）

> 労働審判委員会は、労働審判手続の結果について利害関係を有する者が労働審判手続に参加することを許可し、又は当該者を労働審判手続に参加させる場合には、あらかじめ当事者の意見を聴かなければならない。

次に、労働審判の申立人になるのは労働者に限られるのでしょうか、使用者が労働審判を申し立てることはできるかを考えてみましょう。

　結論から言えば、使用者が申立人として労働審判を申し立てることも可能です。想定されるのは、債務不存在確認請求です。たとえば、残業代請求やパワハラによる損害賠償請求の問題が労使間で顕在化していて、訴えの利益がありそうな局面で、会社側から打って出るという場合には、使用者が労働審判を申し立てることがあります。

　使用者にとってメリットの一つは労働審判は非公開であるということです。もうひとつ大きいメリットは、労働審判は相手方のほうが準備に当てられる時間が少なくて大変になりますから、相手方にプレッシャーを与える効果があります。その意味で、事案によっては早めに積極的に打って出ることも選択肢に入るでしょう。

(3) **審判体**

　労働審判を構成するのは、裁判官及び労働関係に関する専門的な知識経験を有する者で組織する委員会、すなわち労働審判委員会です（法1条）。労働審判委員会は、裁判官である労働審判官が1名、最高裁があらかじめ任命し、事件ごとに所属地方裁判所が指定する労働審判員が2名の計3名で構成されます。

　東京地裁の場合の裁判官は、労働部の裁判官が付きます。

　審判員は、労使双方から任命されます。経営者団体や労働組合から推薦を受けた人から任命され、任期は2年です。

(4) **目的**

　労働審判の目的は、紛争の実情に即した迅速、適正かつ実効的な解決を図ることにあります（法1条）。

(5) 期日の回数

原則として、最大3回です。期日ごとの間隔は、10日から3週間くらいです。

例外的に（「特別の事情がある場合」には）、4回目以降も行われます。私の経験からすると、割と4回目以降が行われています。期日を3回行って、調停がまとまりそうだなという雰囲気のときは、裁判官はためらわず4回目の期日を入れてくれます。私は5回までやったことがあります。根拠条文は、法15条2項です。

法15条（迅速な手続）

> 1 労働審判委員会は、速やかに、当事者の陳述を聴いて争点及び証拠の整理をしなければならない。
> 2 労働審判手続においては、特別の事情がある場合を除き、3回以内の期日において、審理を終結しなければならない。

(6) 代理人の要否

本人での申立・追行も可能です。東京地裁の13階に労働事件の受付窓口があって、たまに個人の方が来ておられますが、書記官は概してとても丁寧に教えてくれています。

代理人は、原則として弁護士しかなれません（法4条）。許可代理人制度がありますが、ほとんど使われていないようで、私も見たことがありません。

(7) 取扱裁判所

制度開始時（平成18年4月）は地方裁判所本庁のみでした。平成22年4月から、東京地裁立川支部、福岡地裁小倉支部でも取り扱いを開始し、平成29年4月からさらに拡大され、静岡地裁浜松支部、長野地裁松本支部、広島地裁福山支部でも取り扱いを開始しました。ただ、全国的には、支部での取り扱いはまだまだ少なく、本

庁のみの取り扱いがほとんどです。

(8) イメージ

この絵は裁判所のホームページから借りてきましたが、実際は少し違います。裁判所書記官は調停が成立するとき、あるいは審判が行われるときにしか同席しません。なお、この絵によると申立人本人と相手方本人が隣同士で座っていますが、実際には代理人が隣同士に座り、本人たちは代理人を挟んで離れて座ることが多いと思います。裁判所はどこに当事者が座るかの指定はしませんので、これは代理人が配慮すべきことがらです。

(9) その他

印紙代は、調停と同じで、訴訟の半額です。

管轄については、のちほど触れます。

2 労働審判の実績・評価

(1) 実績

労働審判は平成18年に開始されましたが、この（　　）内の数字は労働審判と労働関係訴訟の合計数です。制度開始のころと比較して、労働事件の数は2倍以上に増えていますが、ここ数年は労働審判の数と総数は横ばいという状況になっています。

(2) 評価

グラフからわかるのは、「労働審判制度の創設を契機に労働事件数が2倍以上に増えた」、「訴訟数はそれほど変わらず、労働審判事件数が上乗せされた」、「ここ数年は労働事件数も、その中の労働審判事件数も横ばい」であることです。

使用者側弁護士、労働者側弁護士からの評価ですが、これは一概

第2講　メンタルヘルス×労働審判への対応

には言えません。労働者側弁護士からは、使いやすい制度だという声を聞きます。自分で労働審判という選択をしたのだから当然といえば当然の評価です。他方、使用者側弁護士からは、準備の時間が足りないというネガティブな評価もありますが、紛争が早期に解決するという点ではポジティブな評価もあるという印象があります。そのため、概ね高止まりの利用数になっているのだと思います。

場面1　相談〜受任〜手続き選択

1　相談のポイント

この「場面」は図表2　紛争フェーズ（場面ごとの展開）に対応しています。

労働事件の相談を受けるときのポイントは次のとおりです。本件のようなメンタルヘルス事案に限りません。
[Point　1]

図表4　労働審判事件の新受件数（かっこ内は労働審判＋労働関係訴訟の合計数）

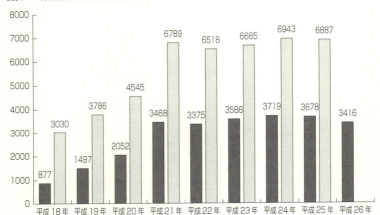

　まず、労働者が何を求めているか見極めることが大切です。
　特に、退職、解雇、雇い止めの事案の地位確認系のケースでは、注意すべきです。本音と建前の使い分けをする依頼者もいるからです。労働者の本音は復職の意思がなくても、会社との交渉の過程では復職することを前提に話をしたほうが、獲得できるものが多いというのが経験上指摘できます。その意味で、相手方との関係でも本音と建前をうまく使い分ける必要があります。

[Point 2]
　次に、労働者側からの相談のときは、労働者の現在の経済状態を把握しておくこともとても重要です。地位確認系の事案では緊急性が高い場合もあります。

[Point 3]
　3つ目に、問題点を浮き彫りにするために聴き取りの順番を意識することです。

図表5 紛争フェーズ（場面ごとの展開）

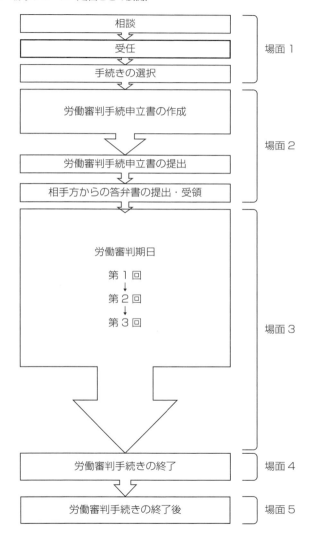

初めに、客観的な労働契約の内容をできる限り正確に把握することが必要です。その把握のためには、労働契約書・労働条件通知書、就業規則、労使協定、求人のときの記事、企業のサイトなどの資料が有効です。

　次に、労働契約の実態をできる限り把握することです。タイムカード等の労働時間管理に関する資料、本人からの聴取が不可欠となります。

[Point 4]

　4つ目ですが、労働者側から相談を受けたら、それが地位確認系や損害賠償を求めるハラスメント系の事案であっても、残業代請求ができないか必ず検討するべきです。

　たとえば退職勧奨を受けている事案でも、未払い残業代があれば、話を有利に持っていくことは可能な場合があります。その他、ハラスメント関係の相談のとき、録音やメールがないと立証の問題でパワハラ単独で会社と交渉するのは困難を伴うことが多いのですが、残業代請求ができれば、会社との交渉の糸口になりえます。

　この点、残業代に限りませんが、労務管理が甘い会社は結構多いことが指摘できます。たとえば、残業代に関して、みなし残業代が問題となるケースもかなり多いです。先日、最高裁で医師のみなし残業代に関する判決が出ましたが、みなし残業代について裁判所はとても厳しく吟味しますから、そう簡単に有効にはならないことに注意してください。逆にいえば、労働者側で、みなし残業代が支払われているからといって、あきらめることなく会社側に残業代を請求できないか検討すべきです。

　残業代に関しては、管理職だから支払われていないというケースも多く見受けられます。この労働者の管理監督者性についても、裁

判所は厳しくその有効性を吟味します。よって、このような事件も残業代を請求できないかあきらめずに検討するとよいでしょう。

みなし残業代や管理監督者性については、争う余地が十分あるので、会社側の主張に囚われずに、残業代を請求できないか積極的に検討しましょう。

2　受任～弁護士報酬のもらい方～

労働審判は、労働者側で申し立てるケースがほとんどなので、まずは、労働者側の代理人としてどうあるべきかをお話します。使用者側代理人に就任したときのことは(2)でコメントします。

(1) 労働者側
ア　着手金

着手金に関する1つの考え方として、地位確認を「経済的利益が算定困難」と捉えることができます。旧報酬規程からすると、経済的利益が800万円となるので、さらに旧規程にあてはめて計算すると着手金は800万円×0.05＋9万円＝49万円となります。

しかし、実態として、このような計算方法を取っている弁護士は多くないのではないか、と思います。では具体的にどうなのかを周りの弁護士にも聞いてみますと、ひとつの例として、1月分の賃金を基準にするという考え方があります。また、労働審判であれば労働者側の事件であっても、最低でも20万円の着手金はいただきたい、という感覚があります。

イ　報酬金

次に、報酬金ですが、金銭解決の場合に多くの弁護士は、獲得金額を経済的利益と捉えて、旧規程またはそれに準ずる規程で計算すると思います。

また、かなりレアなケースですが、職場復帰を果たす場合もあります。この場合は、復職に対する成果として、一定の金額を契約書に定めておく必要があります。私が担当した労働審判で、使用者側として解雇の有効性を争いましたが、結局、従業員を会社に戻すほうが得策だと判断しました。これを労働者側の代理人からみると、復職に対する報酬を契約書で定めていないと、もったいない話になります。ですから、労働者側の代理人をやる場合には、復職に対しても報酬を設定しておいてもよいと思っています。

　それ以外に、タイムチャージによる方法もありますが、労働者側の代理人ですと、あまりないかもしれません。

(2) 使用者側

　次に、使用者側代理人となった場合ですが、事務所によっていろいろな考え方をしています。労働事件に強いある事務所では、着手金と報酬金をあわせて50万円というパッケージで受任しているそうです。これは労働審判事件としては、かなり廉価な設定だといえます。一般的には、企業規模、経営状態等も考慮して決定するのだと思います。また、会社側の代理人であっても、地位確認事案では、退職に導いたことに対する報酬金を定めておくことが適切だと思います。

　ちなみに、法テラスを使った場合の着手金・報酬は、労働者側ですと、労働審判の着手金は、12万6000円です。それに加えて、実費が2万円支払われます。法テラスの実費は、払い切り、売上扱いになってしまうので、実体としては実費込みの合計金額14万6000円となります。法テラスの事案というのは、弁護士としては経済的にきついです。労働審判事件の受任は報酬と労力との関係で、アンバランスな報酬だと個人的には感じています。

3　手続きの選択

(1)　取りうる選択肢

　労働者側の代理人として受任し、会社側に内容証明郵便等を送り、交渉を開始して以降、どのような手続を選択するかですが、①あっせん、②民事調停、③仮の地位を定める仮処分、④労働審判、⑤訴訟があります。

　もっとも、弁護士が受注した場合に検討する主な選択肢としては、③仮の地位を定める仮処分、④労働審判、⑤訴訟だと思います。なお、仮処分については、雇用契約上の地位保全の仮処分はほとんど認められないのですが、賃金仮払いの仮処分は、保全の必要性については厳しく審査されるものの、認められます。労働事件での仮処分は労働審判制度が始まって以降は、一般的に影が薄いといわれがちな存在ですが、私は使うことがあります。

(2)　労働審判と訴訟の選択

　この部分もよく言われることなので、一般的な話として聞いてください。

　一般的な説明としては、争点が単純な解雇事件や賃金請求事件は労働審判に適しているが、争点が複雑である事件、膨大な立証を要する事件、精緻な立証を要する事件（整理解雇、労災民事訴訟等）に労働審判は適さないと言われています。

　もう1つ、①解決までの迅速性の要請（依頼者目線）と②請求原因の立証の盤石性（弁護士目線）の相関関係で決めるという考え方があると思います。

　依頼者目線で、迅速性の要請が強い場合の原則は、やはり労働審判だろうと思います。原則として最大3回で終わるからです。例外

的に、迅速性の要請が強くても立証の盤石性が強い場合は、むしろ訴訟を選択することにより、請求額に近い解決が迅速に得られる場合があります。残業代請求事件で証拠が固い場合には、1回目の期日で、満額近くであっさり和解してくることがあります。

他方、労働者救済の迅速性の要請が弱い場合の選択肢は、原則として訴訟です。なぜなら、訴訟での証拠の検討は労働審判と比較してとても厳格に行われるからです。例外として、立証の盤石性が弱い場合（合理的な証明ができるか心許ない場合）は、労働審判で落としどころを探ったりします。典型的なのは、セクハラ、パワハラによる損害賠償の事件です。加害者の言動が証拠として重要であるが証拠が弱い場合は、訴訟ではなくて労働審判を選択します。

その他、地位確認系の事件で従業員が本気で職場復帰を求めているようなケースでは、労働審判は向かないとする意見も強いです。実際、労働審判の現場でもそう感じます。どうしても労働審判はお金の話が中心になることが多いのが実態です。

4　労働相談（労働者側）時の留意点

フェーズ2の場面1のところで、労働者側から相談を受けたときに、経済状況の把握がとても重要であることを指摘しました。その問題意識がここに現れます。

(1)　問題意識

労働者側からの相談の場合、相談者の経済状態の把握とケアが必須であることはさきほども指摘したとおりです。

この論点は相談者とのトラブル回避の点からも意味のあることです。特に本件のような休職期間満了退職や解雇のような地位確認系の事件の相談では、すでに相談者は収入が途絶えていることもある

ので、非常に重要です。

(2) **基本的な視点**

手段選択にあたって考えるべき視点は次の３つです。

①訴訟、労働審判、仮処分等の各制度により一般的にかかる時間を意識すること

②各制度により（一応の）決着がつく、すなわち何らかの獲得物があるのかどうかの蓋然性の判断

③収入が途絶えたことへの代替手段の有効性

これら３つをその事案に当てはめて、最も適切な手段を選択することになります。

(3) **具体例**

　ア ①各制度により一般的にかかる時間について

短いのは、仮処分と労働審判です。仮処分は、申立てから１週間か２週間後に審尋の期日が入ります。その後10日から２週間間隔で審尋期日が入り、概ね３ヶ月程度で裁判所の判断が出されます。労働審判は先ほど言ったように申し立てから第１回期日が原則として40日間で入りますし、申し立てから終結までも統計的に70日とされています。

これに対して、長いのは訴訟です。労働時間だと通常で１年間はかかります。

　イ ②各制度により（一応の）決着がつく蓋然性について

高いのは仮処分と訴訟です。仮処分も仮とはいえ給付を受けることができます。

高いとはいえないのが、労働審判です。確かに労働審判は解決までの期間は短いのですが、審判が出ても不服のある当事者が異議申し立てをすれば訴訟に移行します。労働審判で獲得物がないまま訴

訟に移行する、という長い道のりを辿らなければならなくなります。
　ウ　③収入が途絶えたことへの代替手段の有効性について
　会社からの賃金収入の代替手段としては、貯蓄の切り崩し、親族等からの援助、失業給付金、生活保護等、事案毎に異なります。その意味で、適切に事実関係を把握する必要があります。
　エ　具体例
　本事案のXが、貯蓄がなく、親族からの援助も受けられない状況であると仮定します。この場合、どういう手段を取るのがXにとって最適なのでしょうか。
　生活保護という最後の砦があることは頭の片隅に入れておく必要があります。
　また、傷病手当金のことも留意しておいてください。
　傷病手当金とは、会社に所属しているときに疾病や怪我で仕事をすることができなくなったときに、健康保険から最大1年6ヶ月間、支給される給付金です。金額は賃金の3分の2です。
　問題は支給期間です。本件のXさんが傷病手当金の支給を受けているかですが、もらえるのは有給をすべて消化してしまってからです。休職というのは有給を消化して欠勤状態になって、その後始まるのが通常です。傷病手当金は休職前の欠勤のときから支払われます。そのため、有給休暇のことを考えなければ、Xさんは、(休職開始の平成28年6月1日ではなく) 欠勤を開始した平成28年3月1日から傷病手当金を受給して会社を休んでいると考えられます。そうすると、傷病手当金の支給期限は、最長でも平成29年9月くらいに到来します。そこで収入の途がなくなることから傷病手当金だけを頼りにすることはできないので、他の途を検討します。
　先ほど言ったように、生活保護という最後の手段があることを常

に頭の片隅に置いておく必要があります。

　失業給付金（基本手当）をどのくらいの間受給できるかも確認しておかなければなりません。失業手当の支給期間は、年齢、雇用保険加入期間、退職の理由によって変わってきます。

　ここで、給付日数に関する一覧表を見てください。

　1の「特定受給資格者」、「特定理由離職者」に該当すれば、一般的に長い期間失業保険を受給できますし、給付制限期間（待機期間）もないので、早く受給できます。

　2の「1及び3以外の離職者」というのが、おおまかに言えば純粋な自己都合退職者です。3の「就職困難者」は身体障がい者の方々などが該当し、比較的レアケースです。

【この表を見るときのポイント】

　第1に、「特定受給資格者」、「特定理由離職者」に該当するか確認します。

　これに該当するケースは次のとおりです。

　たとえば、使用者の倒産により退職した者、解雇（<u>自己の責めに帰すべき重大な理由による解雇を除く。</u>）された者、労働契約が期間満了により終了した者、一定の賃金低下（85％未満になった）により退職した者、自己都合退職であっても、家庭の事情が急変して仕事に行けなくなった場合、転勤・出向で配偶者と離れるのを回避する場合、会社の場所が移転して通勤に片道2時間以上かかるようになった場合など、大雑把に言えば、純粋な自己都合退職でない場合は、概ね1に該当するといえます。詳細はハローワークのホームページで確認してください。

　縦軸が年齢、横軸が在職期間（正確には雇用保険の被保険者期間）です。本件のXをこの一覧表に当てはめてみると、38歳という

設定なので、「35歳以上45歳」のところに該当します。さらに被保険者期間（在職期間）ですが、現在の会社で3年だったとしても、前にいた会社で6ヶ月以上被保険者であり、退職後1年以内であったときはこれも合算します。仮にこの合算した期間が5年以上10年未満であったとすれば、支給期間は180日ということになります。

　この表を記憶する必要がありませんが、見方は覚えておくと役立ちます。

　※　https：//www.hellowork.go.jp/insurance/insurance_range.html#jukyuu参照

　注意点を列挙します。

　"懲戒"解雇の場合は「特定受給資格者」、「特定理由離職者」に該当しない可能性が高いといえます。離職票の「自己の責めに帰すべき重大な理由による解雇」かを判断するのはハローワークです。ハローワークの判断に異議を申し立てることもできますが、覆ることはあまり期待できません。この場合、受給期間が短いことに加えて、給付制限期間が3ヶ月もあります。

　その他、仮給付制度もありますが、実務でこれをつかうことはそれほど多くないのではないでしょうか。仮給付を求めるには訴状や労働審判手続き申立書の写しの提出が必要です。仮給付を求めずに通常の失業手当の申請を行ったことをもって解雇や自然退職を受け入れたという認定は、通常はされません。あえて仮給付を用いるメリットはないように思います。

さて、本件でどのような手段を選択するべきでしょうか？

　一般的な地位確認系事件では、相手方との交渉の状況を見極めた

図表6　失業給付の基本手当の給付日数

1．特定受給資格者及び特定理由離職者（※補足1）（3.就職困難者を除く）

※補足1 特定理由離職者の所定給付日数が特定受給資格者と同様になるのは、受給資格に係る離職の日が平成21年3月31日から平成34年3月31日までの間にある方に限ります。ただし、「特定理由離職者の範囲」の2.に該当する方は、被保険者期間が12か月以上（離職前2年間）ない場合に限り、当該日数となり、それ以外の方は下記2の日数となります。

区分＼被保険者であった期間	1年未満	1年以上5年未満	5年以上10年未満	10年以上20年未満	20年以上
30歳未満	90日	90日	120日	180日	—
30歳以上35歳未満	90日	90日	180日	210日	240日
35歳以上45歳未満	90日	90日	180日	240日	270日
45歳以上60歳未満	90日	180日	240日	270日	330日
60歳以上65歳未満	90日	150日	180日	210日	240日

2．1及び3以外の離職者

区分＼被保険者であった期間	1年未満	1年以上5年未満	5年以上10年未満	10年以上20年未満	20年以上
全年齢	—	90日	90日	120日	150日

3．就職困難者

区分＼被保険者であった期間	1年未満	1年以上5年未満	5年以上10年未満	10年以上20年未満	20年以上
45歳未満	150日	300日	300日	300日	300日
45歳以上65歳未満	150日	360日	360日	360日	360日

うえで（特に、労働審判で調停がまとまる可能性の程度）、労働審判か仮処分を選択すると思います。本件でも傷病手当金の受給開始から最大1年6カ月のリミットが近づいていることを考え合わせると、私なら仮処分なのかなあ、と思いますが皆さんはどうでしょうか。

場面2　労働審判手続申立書の作成〜提出〜答弁書の提出〜第1回期日

1　労働審判手続申立書の作成

(1) 全体的な注意点

次の段階に移ります。

本件では労働審判の申立てをすることを選択しました。今から、申立書の作成、提出、答弁書の提出から第1回期日についてまでのことをお話します。

申立書作成のポイントは、訴訟における請求原因事実、再抗弁事実、関連事情等をすべて書ききることです。加えて、希望する解決方法（金銭解決を求めるとか復職を求める等）について書く弁護士もいます。

(2) 申立書記載事項を確認

労働審判手続申立書の記載事項については、労働審判手続法規則の9条に規定があります。第1項の柱書きにいう「非訟事件手続規則第1条第1項各号に掲げる事項」というのは、ごく一般的な事柄です。規則9条では①と③が重要です。

労働審判というのは当事者の話し合いを前提とした手続きなので、裁判所としては交渉の経過を知っておきたいということで③の申立

てに至る経緯の概要を記載する必要があります。本件でも労働審判を選択するのであれば、事前に相手方と交渉する必要があるのだろうと思います。

規則9条（労働審判手続の申立書の記載事項等・法第5条）

> 1　労働審判手続の申立書には、申立ての趣旨及び理由並びに第37条において準用する非訟事件手続規則（平成24年最高裁判所規則第7号）第1条第1項各号に掲げる事項のほか、次に掲げる事項を記載しなければならない。
> ①予想される争点及び当該争点に関連する重要な事実
> ②予想される争点ごとの証拠
> ③当事者間においてされた交渉（あっせんその他の手続においてされたものを含む。）その他の申立てに至る経緯の概要
> 2　前項の申立書に記載する申立ての理由は、申立てを特定するのに必要な事実及び申立てを理由づける具体的な事実を含むものでなければならない。
> 3・・・（以下略）

さらに、参照条文の規則18条をご覧ください。申立て又は答弁を理由づける事実についての主張とそれ以外の事実についての主張とを区別して、簡潔に記載することが求められています。

規則18条（労働審判手続の申立書等の記載の方法）

> 第9条第1項の申立書、答弁書又は補充書面は、できる限り、申立て又は答弁を理由づける事実についての主張とそれ以外の事実についての主張とを区別して、簡潔に記載しなければならない。

(3)　ポイント

① 　申立書本体と証拠の取扱い

裁判所に提出をした（α）申立書本体と（β）証拠の労働審判における取扱いを知っておきましょう。

裁判官である労働審判官と相手方の手元には（α）申立書と（β）証拠の両方が届きますが、労働審判員の手元には（α）申立書本体

しか届きません。労働審判員は申立書本体しか読んでおらず、事前に証拠を検討していないと考えておいた方がよいでしょう。実際には、労働審判員が別の事件で裁判所に来たときに、裁判所で当該事件の証拠を見ることができるのですが、そこまで時間的に可能な労働審判員の方がどれほどおられるのかわかりません。

　労働審判員に事前に証拠を読んでもらうために、申立書本体に、証拠の写しを「別紙」として綴じ込んで申立をすれば、労働審判員に事前に証拠を見てもらえるのではないかと考えて、申立書の別紙として証拠の写しを綴じこんで裁判所に提出したところ、受付の書記官にその部分をビリっと破かれたという話を聞いたことがあります。

　ただし、重要な証拠の一部について、申立書に文字で表現するなどの工夫は可能です。たとえば、解雇事案で解雇理由証明書記載の解雇理由ですとか、懲戒処分を争う事案で懲戒処分の理由書の記載事項は、そのまま申立書に書き写した方が良いでしょう。

　繰り返しになりますが、労働審判員は、申立書しか見ていないので、申立書でできる限り完結できるような表現をすべきです。

　② **陳述書提出の要否**

　次に、陳述書提出の要否です。少なくとも東京地裁の裁判官は陳述書提出の必要性を感じていないと思われます。むしろ、必要な主張は申立書に書いてほしいと考えているようです。労働審判期日において、労働者本人や会社の担当者から、口頭での説明も求められます。

　ただし、陳述書を提出したからといって、裁判所との関係でネガティブな効果が生じるわけではないので、陳述書を提出すること自体に効果がある場合には提出してよいと思います。たとえば、使用

者側代理人のときに、会社側のメインの担当者以外の陳述を書面として提出するケースは多いわけです。現場の担当者までは労働審判の場に行かないことが多いので、書面による陳述の意義があります。

③ 事案の理解促進と有利な心証獲得のための工夫

私は、労働審判申立書には、別紙として、時系列表をつけるようにしています。通常裁判における尋問の前に作成するような時系列表のようなものです。実際、裁判所はこの時系列表を見ていてくれているようで、労働審判の当日、労働審判官や労働審判員が私が提出した時系列表のコピーをそれぞれ手元に置いてあったりします。時系列に書く事実についてはある程度取捨選択するわけですが、有利な心証獲得のための努力は惜しまないようにしましょう。

④ 賃金請求事件における付加金（労基法114条）請求の要否

今回のこの事例とは少し離れますが、労働審判の申立てのときに付加金の請求をすることの要否について触れておきます。

少なくとも東京地裁での労働審判で、結果としては付加金が認められない運用です。

そうすると、申立書に記載する必要がないのか、という疑問が生じますが、必ずしもそうではありません。むしろ付加金の請求は記載しておくべきです。

なぜなら、付加金には2年間の除斥期限があるため、仮に労働審判で求めておかないと、労働審判の進行に伴い時間が経過し、通常訴訟に移行した場合など、付加金の請求できる期間が減ってしまいます。申立書で記載するのはそれを防ぐ効果があります。

なお、付加金が2年の除斥期間にかかることは労基法の次の条文があるので確認しておいてください。ちなみに、付加金は確定しな

いと請求できないので、仮に訴訟で負けて付加金が課せられても上訴をして和解が成立すれば、問題がなかったりもするので、実務上付加金を現実に支払うケースは少ないと思われます。

労基法114条（付加金の支払）
> 裁判所は、第20条、第26条若しくは第37条の規定に違反した使用者又は第39条第7項の規定による賃金を支払わなかった使用者に対して、労働者の請求により、これらの規定により使用者が支払わなければならない金額についての未払金のほか、これと同一額の付加金の支払を命ずることができる。ただし、この請求は、違反のあった時から2年以内にしなければならない。

2　労働審判手続申立書の提出

(1)　管轄、提出の方法

労働審判手続申立書の提出に関して留意すべきは、その管轄です。

まずは、相手方の住所、居所、営業所若しくは事務所の所在地を管轄する地方裁判所に提出することになりますが、個別労働関係民事紛争が生じた労働者と事業主との間の労働関係に基づいて当該労働者が現に就業し若しくは最後に就業した当該事業主の事業所の所在地を管轄する地方裁判所又は当事者が合意で定める地方裁判所も管轄裁判所であることに注意してください（法2条1項）

提出先ですが、東京地裁の場合は、裁判所13階の労働部に専用の受付があります。

(2)　申立の工夫

①　労働審判は、複数申立（申立人が複数、相手方が複数）は可能か

労働審判の申立ては、労働者1名、使用者1名の申立しかできないのでしょうか。

結論としては、可能な場合もあります。

たとえば、申立人複数のケースとしては、同一事業主に対する複数労働者を申立人とする未払残業代請求事件があります。

私が申し立てをした相手方複数のケースでは、ある労働者が親会社に入社後、子会社に出向した場合に、出向元（親会社）でも出向先（子会社）でもパワハラを受けていたときに、出向元・出向先を相手方とするパワハラ損害賠償請求事件というのがあります。

② **複数申立について法律や規則上の制限はない**

法律や規則上、複数申立を制限する規定はありません。ただし、東京地裁は、複数申立を控えるように広報しています。その理由は、各申立人個々の生活状況や意向の尊重という点と一般人である労働審判委員もいるので、審判が複雑化して錯綜するおそれがある、というところにあります。

実際の運用としては、事前交渉経緯や同時審理の必要性を説明した上申書を提出するなどして、複数当事者の申立てが認められることがあります。

3　答弁書の提出【使用者側】

(1)　答弁書の提出

次に、申立書が相手方に届いたときの答弁書の作成と提出についてお話します。まず、冒頭で説明した次の図をもう一度みてください。

労働審判手続申立書の提出から第1回期日までは原則として40日以内に指定しなければならないとの規則があります。申立書を提出して、補正などをしていると、相手方に実際に郵送されるのに、1週間程度はすぐにかかってしまいます。後ほどご説明しますが、答

弁書提出の締切は第1回期日の約7日〜10日前までという指定がなされます。このようにいわば前後で1週間ずつ期限が削られることになると、申立書を受け取ってから提出までの準備期間は1ヶ月弱しかないということになります。

規則13条

> 労働審判官は、特別の事由がある場合を除き、労働審判手続の申立てがされた日から40以内の日に労働審判手続の第1回の期日を指定しなければならない。

(2) **期日変更の可否**

① **建前**

労働審判は擬制陳述の規定がありません。申立書が郵送された相手方が差支えの場合に期日変更ができないのかという疑問が生じます。裁判所のホームページでは、「審判手続期日の変更は,原則として認められませんので,弁護士を代理人に依頼する予定がある場合には,すみやかに依頼を行ってください。」と書かれています。

② **運用**

ただ、実際の運用は、東京地裁の場合、相手方代理人に別期日が入っているなど差し支えの場合には、柔軟に対応しているという印象があります。労働審判手続は、労働審判員との調整もあるため期日の変更は大変なのですが、変更自体は可能です。

(3) **答弁書の記載事項**

申立書に対する認否、反論を記載することになります。規則の16条に記載があります。

陳述書が原則として不要であるのは申立書と同様です。しかし、期日に出席できない関係者がいる場合などには陳述書を提出することがあります。

第2講 メンタルヘルス×労働審判への対応

図表2 紛争フェーズ（場面ごとの展開）

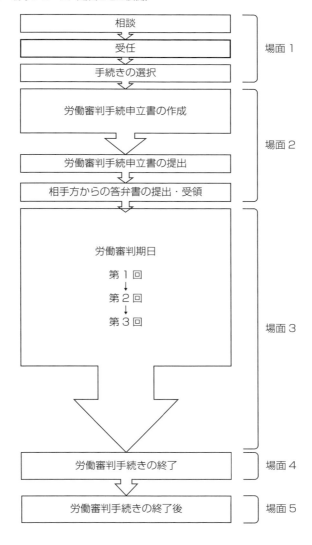

規則16条(答弁書の提出等)

> 1 相手方は、第14条第1項の期限までに、第37条において準用する非訟事件手続規則第1条第1項各号に掲げる事項のほか、次に掲げる事項を記載した答弁書を提出しなければならない。
> ①申立ての趣旨に対する答弁
> ②第9条第1項の申立書に記載された事実に対する認否
> ③答弁を理由づける具体的な事実
> ④予想される争点及び当該争点に関連する重要な事実
> ⑤予想される争点ごとの証拠
> ⑥当事者間においてされた交渉(あっせんその他の手続においてされたものを含む。)その他の申立てに至る経緯の概要
> 2・・・略

4 答弁書提出〜第1回期日まで(約7日間〜10日間)

答弁書が提出されてからの、第1回期日までの7日から10日間を双方がどう使うべきか考えてみましょう。

(1) 補充書面の提出

答弁書に対する補充書面の提出は、明確な決まりがあるわけではないですが、できるだけやっておきたいです。私の場合は、事前に労働審判第1回期日の3日くらい前に依頼者と打ち合わせの日を入れておきます。そして、打合せを踏まえて補充書を作成して提出することにしています。

規則17条(答弁書の提出等(答弁に対する反論))

> 1　相手方の答弁に対する反論(これに対する再反論等を含む。以下この項において同じ。)を要する場合には、労働審判手続の期日において口頭でするものとする。この場合において、反論をする者は、口頭での主張を補充する書面(以下「補充書面」という。)を提出することができる。
> 2・・・(略)

(2)　依頼者との打合せ

　これは私たちが労働者側、使用者側のいずれの代理人であっても同じですが、申立書、答弁書(+補充書面)はしっかり読んでくるように確認します。特に、提出書面の記載事項と食い違う話はとても印象が悪いことは言うまでもありません。

　裁判所は、第1回目の期日の審尋で心証を取ります。証拠についても大切なものは再度確認をしておきましょう。緊張するのが当たり前だから、うまく話そうとしなくて良いと助言するのは、尋問のときと同じです。

　1つ、実体法の問題を説明します。

5　メンタルヘルス不全となった原因についての考察

(1)　労基法19条1項の解雇制限と自然退職

　労基法19条1項の解雇制限規定を休職期間満了に伴う自然退職への類推適用を認める裁判例として、アイフル(旧ライフ)事件・大阪高判平成24・12・13(労判1053号57頁)があります。

　そのため、メンタルヘルスとなった原因が業務上のものであるか否かが重要な争点になることがあります。

労働基準法19条（解雇制限）

> 1　使用者は、労働者が業務上負傷し、又は疾病にかかり療養のために休業する期間及びその後30日間並びに産前産後の女性が第65条の規定によって休業する期間及びその後30日間は、<u>解雇してはならない</u>。ただし、使用者が、第81条の規定によって打切補償を支払う場合又は天災事変その他やむを得ない事由のために事業の継続が不可能となった場合においては、この限りでない。
> 2　略

(2)　業務起因性のあるメンタルヘルス不全による休職

　業務起因性のあるメンタルヘルス不全による休職であると、休職期間満了による退職ができないことになります。

　使用者からすると、メンタルヘルス対応で常に念頭に置いておく必要があります。逆に、労働者からすると、切り札になり得ます。

　ゆえに、使用者側で対応する場合、「心理的負荷による精神障害の認定基準について」（平成23年12月26日基発1226号1号）にある、「業務以外の心理的負荷評価表」を参考に「業務上ではない」という方向に傾く要素を集めておくことになります。たとえば、その従業員が離婚した、家族が病気になった、多額の財産を損失した、交通事故を起こした、異性関係のもつれがあったなどの私的領域で精神に負荷を与える要因です。

　他方、労働者側で対応する場合には、そのメンタルヘルス不調の原因が業務に起因するものだ、という主張をすることになるでしょう。

　なお、使用者側としては紛争が本格化する前に、主治医の診断書などを見ておきたいです。というのは、診断書には初診日が書かれていることがあります。初診日が入社日以前であったりすると、疾

病と業務起因性の点で、「もともとメンタル疾患の素因があった」という主張がしやすいです。このあたりの情報収集は紛争が本格化すると難しくなるので、事前に取れるものは取っておきたいところです。

場面3　労働審判手続きの開始〜(第1回→第2回・・・)

1　第1回期日

(1)　流れ

手続の流れは、概ね次のとおりです。

①　労働審判委員会と当事者双方がラウンドテーブルに座る。労働審判委員会の自己紹介と出席者の確認。

②-1　全員同席のもと労働審判委員会が当事者に対して質問をする(審尋)。

③　両者を退室させてしばらく評議する。その後、片方を入室させる。その後、交互に入室する。

②-2　稀に、審尋をする前に、片方を残して、もう片方を退出させて、残った方にいきなり希望する解決の方向性を聞くケースもある。

(2)　第1回期日の位置づけ

主に審尋を行います。労働審判官及び労働審判員が、主に当事者本人に対して質問をして、当事者本人はそれに答える形式で行います。

よって、第1回期日には、労働者本人、使用者側の直接の上司や関係者の労働審判への出席は必要不可欠です。原則最大3回という

期日で話をまとめようとする熱意が当事者双方にないと労働審判はうまく機能しません。期日には当事者は必ず出席できるように手配しておくべきです。

　代理人のスタイルによりますが、私は、積極的に介入するよりも、依頼者本人に話させるようにして、適宜、発言の趣旨の確認や補足説明をする場合が多いです。その前提として、申立書（＋補充書）や答弁書の内容を充実させておき、「●●書の●●頁に記載したとおり、……」というように説明することになります。

　裁判所は、この審尋で心証をどんどんとっていきます。第１回目で心証が固まっているケースが多いです。その意味で言い方は変ですが、事実認定の仕方は雑といえば雑という印象です。しかし、それは手続の性質から致し方のないことだと思います。

　１回で調停がまとめる事案もあります。また、調停がまとまりそうなときは、予定時間を延長して３時間以上行うこともあります。そのため、労働審判期日が入ったときは、余裕を持ったスケジュールを組む必要があります。裁判所に２時間と言われることがありますが、特に１回目は３時間くらいの予定を確保しておきたいものです。

2　第２回期日

　期日の間隔は10日から２週間程度のことが多いと思います。日程が合わなければ３週間以上あくこともありますし、調停成立直前であれば１週間未満に短時間でも期日をねじ込むこともあります。

(1)　第１回～第２回まで

　第２回以降の期日で、格別しなければならないことがらというのもないのですが、必要に応じて補充書面を提出することがあります。

これは相手方の主張等から宿題として裁判所から提出を求められる場合もあれば、こちらから進んで提出したい書面である場合もあります。

なお、規則27条に主張と証拠書類の提出は第2回期日が終了するまで、という制約があるので、これに従うことになります。第1回で労働審判委員会から調停案が示されたときはその内容を検討します。

規則27条（主張及び証拠の提出の時期）
> 当事者は、やむを得ない事由がある場合を除き、労働審判手続の第2回の期日が終了するまでに、主張及び証拠書類の提出を終えなければならない。

（2） 流れ

交互に入室して、条件を詰める。

（3） 第2回期日の位置づけ

調停を行う。

互いにまたは一方に大きな歩み寄りを求めるのも第2回が多いです。

3　第3回期日

3回まで来ると、短時間でも近いうちに期日を入れようとする傾向があります。

調停条項の微調整を行うことがメインになります。

最後の最後で時間切れの場合は第4回期日を指定することがあります。

4　第4回期日以降

「特別の事情がある場合」（法15条）には、第4回以降の期日も指

定されます。

場面4　労働審判手続きの終了

1　終局事由

　適法に申立てられた労働審判の終局事由には次の4つがあります。それが、調停、労働審判、24条終了、取り下げです。統計的に、全体の約70％が調停成立、18％が労働審判、4％程度が24条終了、8％程度が取り下げです。

(1) 調停成立

　労働審判手続中に、調停の成立による解決の見込みがある場合には、裁判所は調停を試みることになっています（法1条）。

　事案に即して、第1回からも調停を試みることができるのがこの制度の特徴で、調停が成立した場合には、裁判上の和解と同一の効力が与えられます（法29条、民事調停法16条）。

(2) 労働審判

　労働審判委員会は、調停による解決に至らなかったときは、当事者間の権利関係および労働審判手続の経過を踏まえて労働審判を行うことになります（法1条）。

　労働審判に不服のある当事者は、2週間以内に書面にて異議の申立てをすることができ（法21条1項、規則31条1項）、その場合には、労働審判はその効力を失い（法同条3項）、事件は訴訟に移行することになります。通常、審判は口頭で告知がなされ、審判調書は後日作成されます。

　異議の申立てがないときは、労働審判は、裁判上の和解と同一の

効力を有します（同条4項）。

通常、労働審判は口頭で告知され（法20条6項）、審判調書は後にできることになります（同条7項）。

労働審判に異議が出されて訴訟となる場合、手続き上は、労働審判手続申立書のみが本案事件の裁判官のところに行くことになります。

ここで、労働審判は常に判決主文のような内容となるのでしょうか。

労働審判は処分権主義で行われるものではなく、柔軟な解決を図るために、調停型の条項を入れることも可能です。

たとえば、解雇事案で、判決であれば認容か棄却しかありませんが、労働審判の主文では「解雇撤回+合意退職」という条項を設けることも可能です。また、会社都合退職の離職票を交付する旨確認する条項を設ける場合もあります。

他にも、1年後に退職する旨の合意条項を入れたり、懲戒処分を撤回して申立人（非違行為を行った者）が謝罪する旨の条項を入れることもあります。

法20条（労働審判）

1　労働審判委員会は、<u>審理の結果認められる当事者間の権利関係及び労働審判手続の経過を踏まえて、労働審判を行う。</u>
2　労働審判においては、当事者間の権利関係を確認し、金銭の支払、物の引渡しその他の財産上の給付を命じ、<u>その他個別労働関係民事紛争の解決をするために相当と認める事項を定めることができる。</u>
3　…略

(3)　24条終了

事案の性質に照らし、労働審判手続を行うことが紛争の迅速かつ適

正な解決のために適当でないと認めるときにあたる場合、24条終了します。事案が複雑すぎる場合とか、3回では終わらないような場合です。事案によっては初期の段階でこの判断が下される場合もあります。

法24条（労働審判をしない場合の労働審判事件の終了）

> 1　労働審判委員会は、事案の性質に照らし、労働審判手続を行うことが紛争の迅速かつ適正な解決のために適当でないと認めるときは、労働審判事件を終了させることができる。
> 2・・・略

(4) 取下げ

労働審判は、審判期日でなされる場合を除き、いつでも裁判所への取下げ書の提出をもって終了します（規則11条）。相手方の同意は不要です。

なお、訴訟に移行した後は、民訴法261条による規制を受け、相手方の同意が必要になります。

(5) 却下等

会社を相手方とせず、個人を相手にした場合など不適法な申立てへの対処です。

法6条（不適法な申立ての却下）

> 裁判所は、労働審判手続の申立てが不適法であると認めるときは、決定で、その申立てを却下しなければならない。

2　審理期間、期日実施回数

申立から終局までの平均審理期間は74.8日です。

期日の中で一番調停成立の割合が高いのは第2回期日です（41.8％）。

もっとも、第1回期日（28.4％）と第3回期日（27.5％）がほぼ同

第 2 講　メンタルヘルス×労働審判への対応

図表 7　労働審判事件の既済事件数—終局事由別—

		平成18年	平成19年	平成20年	平成21年	平成22年	平成23年	平成24年	平成25年	平成26年	合計	
労働審判		107 17.7%	306 21.1%	347 18.2%	599 18.6%	612 17.8%	641 18.2%	643 17.4%	650 18.0	633 18.6%	4538 18.3%	
	異議申立 てあり	74 69.2%	187 61.1%	230 66.3%	387 64.6%	364 59.5%	391 61.0%	382 59.4%	396 60.9%	355 56.1%	2766 61.0%	(＊1)
	異議申立 てなし	33 30.8%	119 38.9%	117 33.7%	212 35.4%	248 40.5%	250 39.0%	261 40.6%	254 39.1%	278 43.9%	1772 39.0%	(＊2)
調停成立		427 70.5%	997 68.8%	1327 69.4%	2200 68.2%	2433 70.8%	2502 71.2%	2609 70.6%	2528 70.0%	2314 67.9%	17337 69.7%	
24条終了		19 3.1%	47 3.2%	60 3.1%	107 3.3%	121 3.5%	119 3.4%	164 4.4%	159 4.4%	150 4.4%	946 3.8%	
取下げ		50 8.3%	93 6.4%	169 8.8%	294 9.1%	240 7.0%	227 6.5%	256 6.9%	260 7.2%	292 8.6%	1881 7.6%	
却下・移送等		3 0.5%	7 0.5%	8 0.4%	26 0.8%	30 0.9%	24 0.7%	25 0.7%	15 0.4%	19 0.6%	157 0.6%	
合計		606 100%	1450 100%	1911 100%	3226 100%	3436 100%	3513 100%	3697 100%	3612 100%	3408 100%	24859 100%	

(注)　1　件数は、平成26年12月末時点のもので、平成27年3月5日集計による最高裁行政局調べの概数値である。
　　　2　平成18年4月から労働審判制度開始。
　　　3　「異議申立てなし」には、平成27年3月5日現在、異議申立ての有無が確認できないものを含む。
　　　4　百分比は、小数点以下第2位を四捨五入しているため、合計が100と一致しない場合がある。
　＊1　既済事件に占める割合は11.1%
　＊2　既済事件に占める割合は7.1%
出典：品田幸男「労働審判制度の概要と課題—制度開始10年目を迎えて」法律のひろば68巻5号4頁以下

図表 8　実施回数・審理期間

労働審判既済事件の期日実施回数（平成22年〜26年）

		0回	1回	2回	3回	4回以上	全体
調停成立		—	3513 28.4%	5177 41.8%	3406 27.5%	290 2.3%	12386 100%
		—	472 14.8%	1270 39.9%	1358 42.7%	79 2.5%	3179 100%
労働審判	異議申立 てあり	—	214 11.3%	743 39.4%	888 47.0%	43 2.3%	1888 100%
	異議申立 てなし	—	258 20.0%	527 40.8%	470 36.4%	36 2.8%	1291 100%
24条終了（※1）		28 3.9%	293 41.1%	274 38.4%	110 15.4%	8 1.1%	713 100%
取下げ		692 54.3%	312 24.5%	184 14.4%	72 5.6%	15 1.2%	1275 100%
却下・移送等		102 90.3%	6 5.3%	2 1.8%	3 2.7%	0 —	113 100%
合計		822 4.7%	4596 26.0%	6907 39.1%	4949 28.0%	392 2.2%	17666 100%

労働審判既済事件の審理期間（※2）（平成22〜26年）

1か月以内	553件	3.1%
2か月以内	5997件	33.9%
3か月以内	6383件	36.1%
6か月以内	4595件	26.0%
1年以内	136件	0.8%
1年を超える	2件	0.0%
合計（対象件数）	17666件	100%
平均審理期間	74.8日	

（※1）[24条終了]
　労働審判委員会が、事案の性質に照らし、労働審判手続を行うことが紛争の迅速かつ適正な解決のために適当でないと認める場合に、労働審判をせずに労働審判事件を終了させること。

(注)　1　件数は、平成26年12月末時点のもので、平成27年3月5日集計による最高裁行政局調べの概数値である。
　　　2　「異議申立てなし」には、平成27年3月5日現在、異議申立ての有無が確認できないものを含む。
　　　3　百分比は、小数点以下第2位を四捨五入しているため、合計が100と一致しない場合がある。

（※2）申立手から終局までに要した期間

出典：いずれも、品田幸男「労働審判制度の概要と課題—制度開始10年目を迎えて」法律のひろば68巻5号4頁以下をもとに作成。

じ割合となっています。

3　調停の成立

本件のXさんのケースの終わり方をいろいろ考えてみましたが、なかなか復職は難しいのではないかと思いました。仮に復職をしないとすると、おそらく以下のような調停条項もしくは審判になると思います。

まず、第1項では、休職期間満了による自然退職ではなくて、会社都合による合意退職にして、退職時期も遅くしました。第2項の解決金ですが、この金額はさまざまでしょう。第3項で口外禁止、第4項でその余の請求の放棄、第5項で清算、第6項で手続費用負担となります。

4　労働事件の和解（調停）条項について

調停条項案

1　申立人と相手方は、申立人が平成29年8月30日付けで会社都合により合意退職したことを相互に確認する。
2　相手方らは、申立人に対し、本件解決金として200万円の支払い義務があることをもみとめ、これを平成29年9月末日限り、【・・・・・・・】に振り込む方法により支払う。ただし、振込手数料は相手方らの負担とする。
3　申立人と相手方らは、本調停の経緯及び内容について、みだりに第三者に口外しないことを約束する。
4　申立人は、本件申立に係るその余の請求をいずれも放棄する。
5　申立人と相手方は、申立人と相手方らの間には、本件を含む一切の件に関し、本調停条項に定めるもののほか、何らの債権債務がないことを相互に確認する。
6　手続費用は各自の負担とする。

労働事件では和解条項を作成する場合も多いので、和解（調停）で使えるいくつかのカードをご紹介します。和解を進めやすくするために利用できる要素です。

(1) **退職日**

1つ目が退職日です。もともとの休職期間満了による自然退職日を退職日とするか調停成立日を退職日とするか、です。Xさんのケースですと、自然退職の日である平成29年5月31日か、調停成立日を退職日とするか、ということになります。

これは、調停成立日を退職日とすると、労働者にとっては無職の期間が短くなり、再就職に有利なケースがあります。

一方で、使用者側は、調停成立日を退職日とすると、いったん退職扱いしたXについて社会保険を調停成立日まで従業員として扱うための手続をとる手間が増えるというデメリットがあります。

よって、退職日は和解条項の条件交渉に使えます。

(2) **退職理由**

2つ目は退職理由です。

合意退職する場合、「会社都合」とするか「自己都合」とするかが問題となります。失業給付金との関係で、自己都合では待機期間があることから支給が遅くなり、かつ給付期間の面でも、労働者が不利になる場合があります。

一方で、使用者が助成金や補助金を受給している場合、会社都合退職にすると助成金等を打ち切られたり、受領済みの助成金等の返還を求められるケースもあります。そこで、会社側の代理人となった場合には、退職理由について合意する前に会社に十分確認をする必要があります。会社側にこのようなデメリットがある場合には、自己都合退職とする引き換えに、解決金額を上乗せすることが検討

されてもよいと思います。

(3) 金銭の名目（税金との関係を含む）

和解の成立に伴って金銭が授受される場合があります。そのときの名目についても注意を払う必要があります。賃金（月例賃金、退職金）、解決金、損害賠償金など、いろいろな名目があります。

基本的に、損害賠償金という名目では使用者側が応じないことが多いですが、解決金という名目であれば、給与所得、退職所得、損害賠償金という色々なとらえ方がありうるので成立の可能性は高くなります。

ただ、地位確認型の紛争で、最後は退職する形になる場合には、退職所得で扱うのがきれいな終わり方だと個人的には思います。退職所得なので税金の面で賃金よりかなり低いという労働者側のメリットがあり、使用者側にも税金を疑義なく処理できるというメリットがあります。その意味で、税金との関係で金銭の名目も交渉のカードとして使うことができます。

場面5　労働審判手続きの終了後

1　本訴への移行

(1)　条文の確認

最後に、本訴への移行について述べます。

実は、労働審判の本訴への移行というのはそれほど多くないというのが実情です。さきほどの統計でも見たように（図8）、和解（調停）成立が70％、労働審判が18％、そのうち、異議申し立てありが60数％なので、訴訟への以降は全体の10％程度だと思います。私

の経験からも労働審判を数十件扱っていますが、労働審判に異議が出て通常訴訟に移行したのは2件です。

法21条（異議の申立て等）

> 1 当事者は、労働審判に対し、前条第4項の規定による審判書の送達又は同条第6項の規定による労働審判の告知を受けた日から2週間の不変期間内に、裁判所に異議の申立てをすることができる。
> 2 裁判所は、異議の申立てが不適法であると認めるときは、決定で、これを却下しなければならない。
> 3 適法な異議の申立てがあったときは、労働審判は、その効力を失う。
> 4 適法な異議の申立てがないときは、労働審判は、裁判上の和解と同一の効力を有する。
> 5 前項の場合において、各当事者は、その支出した費用のうち労働審判に費用の負担についての定めがないものを自ら負担するものとする。

法22条（訴え提起の擬制）

> 1 労働審判に対し適法な異議の申立てがあったときは、労働審判手続の申立てに係る請求については、当該労働審判手続の申立ての時に、当該労働審判が行われた際に労働審判事件が係属していた地方裁判所に訴えの提起があったものとみなす。この場合において、当該請求について民事訴訟法第1編第2章第1節の規定により日本の裁判所が管轄権を有しないときは、提起があったものとみなされた訴えを却下するものとする。
> 2 前項の規定により訴えの提起があったものとみなされる事件（同項後段の規定により却下するものとされる訴えに係るものを除く。）は、同項の地方裁判所の管轄に属する。
> 3 第1項の規定により訴えの提起があったものとみなされたときは、民事訴訟法第137条、第138条及び第158条の規定の適用については、第5条第2項の申立書を訴状とみなす。

(2) 訴訟移行時の実務的諸問題

① 訴訟手数料の追納

労働審判手続の申立てについて納めた手数料の額を控除した額の手数料を納付します。「控除」というのは、調停の場合と同じ扱いです。

また、付加金について注意してください。印紙代の算定において付加金を含めない東京と含める大阪の相違がありました。しかし、2015年の最高裁決定で、付加金は印紙代計算の基礎に含めないという結論がでました。

② 訴状に代わる準備書面・答弁書・証拠等の提出
　ア 答弁書・証拠・証拠説明書等の再提出

労働審判の記録のうち、裁判で使用されるのは申立書のみです。労働審判が訴訟に移行した場合、被告は答弁書を新たに出さなければなりません。答弁書については「訴状に代わる準備書面」が求められる裁判所であればそれを踏まえたものが必要となります。

証拠関係は、原告・被告ともに、労働審判で提出済の証拠も、訴訟で使用する場合には、改めて提出が求められます。

この点は、原告にも被告にも手間がかかります。省エネや訴訟経済上の観点から立法的解決がはかられるべきともいわれていますが、現状はこのような扱いです。

　イ 訴状に代わる準備書面とこれに対する答弁書作成と留意点

東京地裁等では、原告には、申立書のみでは足らず、労働審判での審理内容を踏まえ、争点整理と反論、必要ある場合は補充主張を加えた、詳細な訴状に代わる準備書面の提出をまって第1回期日を入れる運用がとられています。この点、裁判所は、「訴状に代わる準備書面」において、労働審判手続きでの審理の成果を盛り込んで主張することを期待しているといわれています。たとえば、労働審判手続きにおいて、どのような段階で、どのような調停案がだされ

たか、当事者の希望がどのようなものであったのか、というような点です。

被告においても、訴状に代わる準備書面に対する答弁書の提出が求められます。

理想的には、当事者双方が、第1回口頭弁論に最終準備書面を出し合うイメージで臨む必要があります。しかし、現実には、訴訟開始から1年近くかかることはざらにあります。

③ 労働審判官の訴訟担当の可能性

訴訟に移行した場合、記録上は労働審判手続申立書しか移行しないものの、実際には審判に携わった裁判官には心証が残っているということになります。

小野リース事件（最三小判平22・5・25労判1018号5頁）では、民訴法23条1項6号にいう「前審の裁判」とは、当該事件の直接又は間接の下級審の裁判を指し、労働審判が「前審の裁判」に当たるということはできず、本件訴訟に先立って行われた労働審判手続において労働審判官として労働審判に関与した裁判官が本件の第1審判決をしたことに違法はないとしました。よって、理論的には、訴訟になっても審判の場合と裁判官が同じということはありえます。

仮処分でも同様の問題があります。

しかし、東京地裁の場合には、運用としては同じ裁判官になることを避けるようになっているようです。

労働審判から訴訟に移行した場合に、通常の訴訟と比べてサクサク進むかは事案次第です。ただし、申立人を原告、相手方を被告に変えただけのような書面だと、またゼロからとなるので、代理人の影響も小さくないでしょう。

2 報酬請求

報酬請求は、労働者側も使用者側も委任契約書に従って行います。

場面6　おわりに

1　労働審判に対する評価

　紛争の実情に即した<u>迅速</u>、<u>適正</u>かつ<u>実効的</u>な解決を図ること（法1条）が実現できているでしょうか。

　迅速と実効的解決は、事実、そのような印象があります。適正な解決が図られているかについては評価が分かれるところだと思います。ただ、紛争が終わることそれ自体が適正な解決だといえばそれまでですが、事実認定においても、裁判官の指揮の仕方いかんによっては、納得しにくい場合もあります。

　結局のところ、迅速に紛争の解決がなされるということから、敢えて異議申し立てをしないで双方が折り合うことができるので、労働審判を作った当初の目的は達成できているのかな、というのが私の印象です。

2　お勧めの文献

・山口幸雄＝三代川三千代＝難波孝一編集『労働事件審理ノート〔第3版〕』（判例タイムス）
　　元東京地裁労働部の裁判官が書いたもので、薄くて読みやすいです。紛争類型毎にブロックダイヤグラムが書いてあるので全体像をつかみやすいという特徴があります。

第 2 講　メンタルヘルス×労働審判への対応

・白石哲編著『労働関係訴訟の実務（裁判実務シリーズ１）』（商事法務）
・佐々木宗啓ら編著『類型的労働関係訴訟の実務』
　　この２冊は東京地裁労働部で勤務された経験のある裁判官が分担して執筆したもので、論点毎に掘り下げてあります。
・岩出誠『労働法実務体系』（民事法研究会）
　　裁判例が豊富ですから、検索的な意味で使えます。
・菅野和夫『労働法〔第11版〕』（弘文堂）
　　基本書の王道であり、辞書的に使う価値があります。
　　その他、労働法関係は労基法や労契法の条文数が少ないこともあり、裁判例の把握も重要です。「労働判例」、「労働経済判例速報」等に掲載された判例もチェックしておく必要があります。

第 3 講

平成26年改正会社法と最近の議論状況
～ガバナンスを中心として

弁護士 **深山 徹**

深山　徹　*Toru miyama*

中央大学卒。50期。河和法律事務所勤務を経て、平成18年、深山法律事務所を開設。現在、東京弁護士会法律研究部会社法部副部長。

第3講　平成26年改正会社法と最近の議論状況～ガバナンスを中心として

5部公正会の深山でございます。丁重なご紹介を賜りましたが、本日は会社法改正に関するタイムリーなお話をということでしたので、「平成26年改正会社法と最近の議論状況」というテーマで、ガバナンスを中心としてお話します。ただ、錚々たる先生方がおられる中でお話をするのは大変恐縮でございます。

法友全期ではだいぶ前に一緒に活動をした皆さんが、今年も代表はじめお揃いになっているということで、今回の講演のお話をいただき夏休みの間にレジュメを準備してまいりました。拙い部分もあるかとは存じますが、お話させていただきます。

1　改正に至る経緯と背景

第1　背景事情

平成26年の改正は17年の会社法制定以来、初めての大きな改正ですが、大きく分けてふたつのテーマがあります。ひとつは、ガバナンス（企業統治）の関係、もうひとつは親子会社の関係です。

なぜこのふたつがテーマになっているかというと、企業統治に関しては、失われた20年を振り返って、企業の国際競争力を回復させたいという背景のもと、社外取締役を選任してガバナンスを強化していこうという考え方が強まったわけです。他方、親子会社関係については、従前から親子会社法制を何らかの形でまとめなければならないという議論が続いており、17年の会社法制定のときにも残された課題とされていましたので、今回の改正のテーマの一つとなりました。

特に、17年会社法によって、組織再編における対価の柔軟化が図られ金銭を支払うことによって少数株主を会社から除くことができるようになったこと、また、持株会社形態の進展などグループ経営が進み、親会社株主の株主権が弱められている（株主権の縮減）との指摘があり、親子会社関係をもういちど見直す必要があるという考え方が今回の改正の背景にあります。

第2　平成17年会社法に対する批判的な指摘と課題

　現在の会社法が平成17年に成立しましたが、当時から学者の間でも批判的な指摘がされていました。たとえば、条文の難解さ、規制緩和が行き過ぎるのではないか、法務省令に委任することが実際に妥当なのか、制度を作ったが不備があるのではないか等が指摘されているところです。

　また、裁判例を通じて、会社法の課題も明らかになってきたことから、細かい部分も含め、今回の改正に至ったわけです。

　次に、ガバナンスに関する最近の動向ですが、平成26年の日本版シチュワードシップコードの公表から、27年の改正会社法の施行、コーポレート・ガバナンス・コードの適用等、重要な事柄が目白押しという状態になっています。本年になっても、コーポレート・ガバナンス・コードの実効性を高めるにあたり検討すべき事項（実務指針）として、経産省からコーポレート・ガバナンス・システム・ガイドラインが示されました。また「攻めの報酬」を促す役員報酬についての研究会の報告書も出されました。さらに、改正会社法成立のときに、附則で施行後2年を経過した時点での見直しがうたわれていたことに対応して、本年4月に法制審議会の会社法制部会の第1回会議が開催されています。直近では5月に、日本版スチュ

第3講　平成26年改正会社法と最近の議論状況～ガバナンスを中心として

【ガバナンスに関する近時の動向】

```
2014・2・26    日本版SSC公表（金融庁）
2015・5・1     H26改正会社法、法務省令の施行（2010・2諮問）
      6・1     CGC適用（金融庁：有識者会議　⇒　東証上場規程）
2017・3・31    CGSガイドライン（経産省）
               実務指針（CGC実践に当たり検討すべき事項）
      4・26    法制審議会会社法制（企業統治等）部会
      4・28    「攻めの報酬」を促す役員報酬（経産省：CG在り方研究会）
      5・29    日本版SSC改訂
```

ワードシップコードの改訂が行われ、機関投資家等の側に対して、その議決権行使の内容を個別に開示する方向でガバナンスの強化が求められました。こうした改訂により機関投資家は、益々議決権行使を厳格にみていく必要がでてきています。

2　平成26年改正会社法の主な改正内容

　それでは個々の改正内容について見ていきます。ポイントは、「第1－1　企業統治のあり方」、「第2－1　親子会社に関する規律～親会社株主の保護」、「第2－2　親子会社に関する規律～キャッシュアウト」、そして「第3　その他」の部分で、大きく分けると企業統治と親子関係ということになります。レジュメに沿って重要な部分に絞って解説をしていきます。

第1－1　企業統治のあり方～取締役会の監督機能
　平成26年改正会社法の内容としては、社外取締役の選任の義務付

けが問題になっていたところですが、これは見送られました。その代わり、会社法は株式会社に対して「社外取締役を置くことが相当でない理由」の株主総会での説明義務を課しました（327条ノ2）。この相当でない理由は、事業報告の記載事項にもなっています。また、社外取締役を置いていない会社は、社外取締役選任を含まない取締役選任議案を株主総会に提出する場合には、重ねて、相当でない理由を参考書類に記載しなければならないとされています。

このような改正のほか、改正要綱の付帯決議では、有価証券上場規程等で社外取締役1名以上の選任が求めるという方向性が示され、これに対応して上場規程が社外取締役1名以上の選任を求めるというように改訂されています。また、改正法附則では施行後2年を経過した時点で社外取締役の選任の義務づけも含めて見直しを行う必要があるとされており、社外取締役の選任については、事実上の義務づけがなされているという状況にあります。

ここで社外取締役の選任状況ですが、2017年7月26日株式会社東京証券取引所「東証上場会社における独立社外取締役の選任状況及び委員会の設置状況」によると、2名以上の独立社外取締役を選任する上場会社の比率は、市場第一部では8割を超え、88％になっていることが分かります。これは独立した社外取締役の数字なので、会社法上の社外取締役ということであれば、ほとんどの会社が社外取締役を選任しているという状況です。

3 監査等委員会設置会社の創設 (326条、399条ノ2〜14)

　監査等委員会設置会社の制度は、取締役会で議決権をもつ者による監督の実効化を指向する制度です。監査役は取締役会で議決権を行使する立場にはありませんので、監督の実効性を確保するという点で、海外の機関投資家の理解を得にくいということが言われておりまして、その点から取締役会で議決権をもつ者（取締役）に監督をさせる、すなわちモニタリングシステムを指向する制度が創設されたということになります。

　2017年7月26日株式会社東京証券取引所「東証上場会社における独立社外取締役の選任状況及び委員会の設置状況」によると、縦軸の一番上の「市場第一部」というのを右へ追っていただくと「監査等委員会設置会社」があって、会社数は440社、21.8％とあります。縦軸の「全上場会社」というところを見ますと、22.6％つまり5社に1社を超える割合で、監査等委員会設置会社が全上場企業の中に生まれたということがわかります。

　これはかなりの比率だと思いますが、実際に監査等委員会設置会社に移行した会社をみますと、社外監査役等が横滑りをして監査等委員になっているというケースがだいぶ多いようです。

　こうした状況から、社外取締役の選任の事実上の義務づけという状況の下、2名以上の社外監査役に加えてさらに社外取締役を選任することは費用面、人材面で困難であることから、監査等委員会設置会社への移行を選んだ会社が少なからずあるのではないかというふうに見られています。

(1) 監査等委員会とは

監査等委員会を置く会社（2条ノ11ノ2）とはどういう会社かを一言でいいますと、監査役をおかず、過半数の社外取締役からなる監査等委員会を置く会社です。なお、監査等委員会の権限は、基本的には指名委員会等設置会社における監査委員会と同様です。

(2) 監査等委員会の特徴

まず、監査等委員会は、指名と報酬についての意見陳述権を持っています。監査「等」委員会の「等」というのが、まさにこれで、監査役の監査権限のほかに、この指名と報酬に関する意見陳述権を持っていることがこの監査等委員会の特徴です。この意見陳述権を行使することによって、監督を強化する、ということになります。

もちろん、監査等委員が常に意見陳述権を行使するわけではありませんが、必要であれば意見を陳述することができる権利を与えるということが、監督を強化することに結びつくと考えられたわけです。

二つ目の特徴は、会社と取締役との利益相反取引について、監査等委員会の同意を得ていれば、取締役の任務懈怠の推定規定（423条3項）の適用が排除されるという効果を生じることを規定していることです。これは、監査等委員会設置会社への移行を促進するためのお土産といわれる規定です。しかし、実際の訴訟では利益相反取引をした取締役として訴えを受ければ、任務を懈怠していないことを役員の側で立証しなければなりません。従って、本条にそれほど大きな効果を期待できるとは思えません。

一番重要なのは、三つ目の特徴です。監査等委員会設置会社においても重要な業務執行の決定は、取締役会の決議事項であるというのが原則です。ただ、例外として、①取締役の過半数が社外取締役

である場合、または②定款に定めがある場合には、取締役会の重要な業務執行の決定について大幅に業務執行取締役に委任できることになっています。こうすることによって、取締役会の決定事項を減らして、取締役会の迅速な意思決定を可能にすることが期待されています。

なお、後ほど触れますが、この②の定款に定めがあるというだけで取締役会から業務執行取締役に業務執行の決定を委譲できるとするのは問題があるのではないか、との指摘がなされています。

4 社外役員に関する規律（2条15、16条）

次に、社外役員に関する規律です。少し細かいのですが、社外性の要件の厳格化と緩和が行われました。

1 社外性の要件の厳格化と緩和

(1) 社外性の要件の厳格化

これまでも問題視されていた、①親会社等の関係者（業務執行者）は社外性の要件を欠くこととし、また、②親会社等の子会社等の関係者、即ち兄弟会社の関係者も社外性の要件を欠く。同じく③近親者、配偶者または2親等以内の親族である場合には、社外性の要件を欠く、というような改正が行われています。

もっとも、今回の改正で問題となっていた「重要な取引先」の関係者は、社外性の要件の厳格化の中には盛り込まれず、今後の検討課題となりました。

社外性の要件等は、東証の上場規程で、「独立取締役」の選任お

よび「取引所における役員の独立性の基準」というものが定められていて、会社法よりもかなり細かくかつ厳しい要件を定めています（上場規程445ノ4、同施規415条1項6号）。ですから、会社法は東証の上場規程に遅れて、上記①②③を定めたということになります。

(2) 社外性の要件の緩和

もうひとつは、社外性の要件の緩和です。過去要件といわれるものです。従来、「過去に」業務執行を行った者は取締役の社外性の要件を欠くとされていましたが、この「過去に」の要件を「就任前10年内」と、一定の期間に限定することで、社外性の要件を満たし易くする改正がなされました。これは、人材確保の面に配慮したものです。

但し、「就任前10年内」という緩和に加え、就任前10年内に業務執行を担当していない場合でも、平取締役、会計参与、監査役であった者については、その平取締役、会計参与、監査役に就任したときから、その就任前10年内というふうに期間が前倒しされています。要件が緩和された中でも潜脱を防止する規制が設けられたわけです（2条15号ロ、16号ロ）。この条文はなかなか読みにくいのですが、ひとつひとつ確認しておかれるとよろしいと思います。

2 責任限定契約の対象の拡大（427条1項）

社外役員の関係で、責任限定契約の対象が拡大されました。具体的には、業務執行をしない取締役あるいは社外監査役でない監査役、いわゆる社内監査役についても責任限定契約を締結することができる改正がなされました。

(1)社外性の要件の厳格化で確認したように、要件がかなり厳しくなり、社外性を失う方がおられる。その方はこれまで責任限定契約

を結んでいたのに、いきなりそれがなくなってしまうのはどうかということから、責任限定契約の対象を拡大して、従前の地位を保全する手当てがなされたわけです。

5　会計監査人の選解任に関する議案の内容の監査役等による決定と資金調達

　会計監査人の選解任に関する議案の内容の決定権限が監査役等にあることになりました。会計監査人の経営陣からの独立性を守るというのが改正の趣旨です。

　次に資金調達面ですが、大きくわけて3つの改正点があります。時間の関係で詳細にご説明することができませんので、要点の指摘にとどめます。

①　支配株主の移動を伴う第三者割当

　株式の第三者割当をしたことで会社の支配権が移動する場合について、従前の株主の保護の制度を手当しています。即ち、株式会社は、こうした第三者割当を行うことを株主に通知することとし、議決権を有する総株主の10分の1以上の反対があれば、株主総会決議が必要になるという規定を盛り込みました。これは不正な第三者割当と見られる事案が会社法成立後も複数存在したことが背景にあります。

②　仮想払込み規制

　2つ目は、仮想払込み規制がなされたことです。仮想払込みについては、これに関与した取締役の責任等が規定されています。

③　新株予約権無償割当て（割当通知期間の短縮）

　3つ目は、新株予約権無償割当ての割当通知期間の短縮について

です。言葉で言うと分かりにくいですが、新株予約権無償割当とは「ライツ・オファリング」とも呼ばれる制度で、既存株主の保有株式数に応じて、当該上場会社の株式の市場価格よりも低い価格で購入できる新株予約権を無償で割当てるという資金調達手法です。新株予約権なので、株主の意思により株式を取得できますし、株式の持ち株割合の希釈化の程度が低いということから、最近、利用されるようになりました。今回の改正はこの制度をより使いやすくするために、割当通知の期間を短縮しました。

　第1の「企業統治の在り方」についての改正については以上のとおりです。次に、二つ目のテーマである親子会社に関する規律についてお話しします。

6　親子会社に関する規律　〜　親会社株主の保護

　まず、親子会社の関係についての規律のうち、親会社株主の保護について検討します。
　従前から、グループ経営については親子会社法制によるなんらかの規制をすべきだという議論がありますが、今回の改正においてもグループ経営の部分については、ほとんど手が付けられていないというのが現状です。グループ経営自体というよりも親会社株主の保護という観点で今回の改正にはその保護策がいくつか盛り込まれました。順次、見ていきましょう。

第3講　平成26年改正会社法と最近の議論状況〜ガバナンスを中心として

1　多重代表訴訟（特定責任追及の訴え）（847条ノ3）

1つ目が、この名称はかなり有名になりましたが、多重代表訴訟です。二重代表訴訟という概念は従来からありました。これは、完全親子会社間で、完全親会社の株主が完全子会社の取締役に対して責任追及をする、という場合です。これに対して、多重代表訴訟は、グループ会社の頂点に立つ完全親会社等の株主が子会社の取締役は勿論のこととして、孫会社やそれ以降の子会社の取締役を対象にして責任追及できるという制度です。多重というのは会社関係が積み重なったという意味で、そのような形での代表訴訟ということです。

多重代表訴訟についてはいろいろと議論があったところですが、結局、「最終完全親会社等」の株主（1％以上の少数株主権）が重要な子会社（帳簿価格の5分の1超）の取締役等の責任（特定責任）について代表訴訟を提起できることになりました。株式保有期間の要件も含め、この1％という株式保有要件を満たすことは、上場している大企業においてはかなり難しいといえます。従って、実際に多重代表訴訟が行われるのは、中小会社にならざるを得ないと思います。

2　旧株主による責任追及の訴え（847条ノ2）

このほか、株式交換等で株式を失った株主にも責任追及の訴えを認める制度が設けられました。

3　子会社を含む企業集団の内部統制の整備についての決定（262条4項6号）

また、多重代表訴訟制度の検討のなかで、親会社に子会社の取締役等を管理する義務があるかという論点についての議論がありまし

た。地裁レベルの判決ですが、親会社と子会社は法人格が異なるので、原則として親会社が子会社の取締役等を管理する責任まではないという裁判例が出ており、そのために議論になったものです。

この点、最近有力になっていたのは、「親会社は、子会社の株式の価値を維持する責任がある。なぜなら子会社の株式価値イコール親会社の財産だから」という考え方ですが、それはそのとおりだろうと思います。この観点から、親会社による子会社取締役等への管理責任というものが一定程度あるのではないか、という共通認識は、法制審議会内部でも得られました。ただ、子会社を管理すると言っても、親子会社関係は、純粋持株会社の場合や合併で子会社になった場合、会社の一事業部門を分割して子会社にした場合など、さまざまですから、「子会社の管理」といっても一律に定めることは難しいわけです。そこで管理責任の中身が法律によって規定されることはありませんでした。

もっとも、内部統制の整備の一環として、従前、法務省令には子会社を含む企業集団の内部統制の整備というものが規定されており、今回の改正では、この規定が会社法の本則（法律の規定）に格上げされました。これまでの解釈による子会社の管理というものが、なかなか一定していませんけれども、従前の解釈に従って管理する義務があるというレベルで法律上明文化されたわけです。法務省令から法律に格上げされたということは、今後、親会社の子会社に対する管理ということが問題とされ、親会社取締役に対して、子会社の管理責任を問う株主代表訴訟というものが提起される可能性が高まるのではないかと指摘されています。

4　親会社による子会社株式の譲渡規制（467条1項2号）

　続いて、親会社による子会社株式の譲渡の規制に関する論点です。
　改正法では、親会社が保有する子会社の株式を譲渡することによって、子会社に対する直接的な支配権、つまり議決権の2分の1を失うことになる場合には、株主総会の特別決議を必要とすることとされました（467条1項2号）。
　子会社の株式を譲渡して過半数の支配権を失うという場合には、組織再編における事業譲渡と同様の状況とみられるため、過半数の支配権を失う親会社の株主を保護する必要があると考えられることからこうした規制がなされたものです。
　以上のように、親子会社に関する規律について、親会社株主の保護という視点での改正が行われました。
　なお、子会社側の少数株主の保護について一点だけ指摘しておきます。
　法務省令の規定ですが、子会社側の事業報告の記載事項として、親会社等との利益相反取引の開示制度が定められました（施規118条5号、128条3号）。なぜ子会社側の事業報告かというと、子会社の株主に親会社との間で利益相反する取引があるが、それが通例の取引と変わりなく子会社の株主の利益を損なうものではないことを子会社がその株主に報告することを義務づけることによって、子会社株主の利益を図る趣旨です。
　また、施行規則128条3号で、監査報告書作成にあたり、子会社の利益を害さないように留意した事項や取締役会が特に問題ないと判断した結論とその理由をそれぞれ記載することとされました。

7 親子会社に関する規律
〜 キャッシュアウト

次に、親子会社に関する規律のうち、キャッシュアウトといわれる分野についてご説明します。キャッシュアウトというのは、株主に現金を交付して会社から出て行ってもらう仕組みです。従って、キャッシュアウトにおいては、こうした締出しに対する少数株主の保護がテーマになってきます。

1 特別支配株主の株式売渡請求（179条〜）

まず、この特別支配株主の株式売渡請求の制度は、少数株主の保護のためのものではなくて、新たな事業再編等の促進や柔軟化を図るための制度です。この売渡請求とは、会社の全株式の90％以上を保有する株主が全ての株主に全部の株式を売り渡すよう請求できるという権利です。株主総会決議等不要型の事業再編方法が新設されたものといえます。もっとも、この株式の売渡しは、特別支配株主とその他の株主との契約関係であって、会社が売買の当事者となるわけではありません。

改正法ではこうした制度が設けられましたが、一方で少数株主の保護のために、売渡請求については、次のような制度が導入されました。

取締役会の関与（承認、株主への通知）というのは、特別支配株主が全株主に全部の株式の売渡しを請求するときに、取締役会がその決議による承認という手続を経ることで少数株主の保護を図る建前になっています。

特別支配株主の売渡請求という制度をどうして改正法が規定した

第3講　平成26年改正会社法と最近の議論状況〜ガバナンスを中心として

かといいますと、次の表「事業再編に利用される各種方法」の二重丸の部分を設けるためです。

基本的には、現金対価を交付することによって全ての株式を回収するわけですが、組織再編のしくみを使うと他の制度と比べて税務上もマイナスになりますし、手間もかかります。ですから事業再編では、公開買付が利用されることが多いのですが、最近では公開買付をしたあとに、全部取得条項付種類株式を使って残りの株式を回収する方法が取られてきました。これが表の4つある欄の右上の方法です。ただ、この全部取得条項付種類株式の制度は、会社法制定のときに盛り込まれたのですが、もともとは経営難の会社が100％減資をしようとするために設けられた制度だと、当時の法制審議会では理解されて要綱が作られていました。ところが、要綱が法律案になる過程で、特に経営難の会社という限定なしに、他の使い方に転用することが可能なものとして、全部取得条項付種類株式が規定された経緯があります。その意味で、公開買付後の残りの株式の回収のために全部取得条項付種類株式を利用することは、制度の転用ではないか、という批判もあります。

そのような経緯もありまして、改正法では全部取得条項付種類株式の制度の整備がなされました。

2　全部取得条項付種類株式（171条ノ2〜）と株式併合（181条〜）

全部取得条項付種類株式について、事前事後の情報開示、備え置き、価格決定申立ての申立期間の整備がなされました。

なお、全部取得条項付種類株式というのは、発行された株式について株主総会決議によって全部取得条項付に変更するという制度ですので、かなりテクニカルな制度だといえます。

【事業再編に利用される各種方法】

	直接移転型	端数処理型
株主総会（特別）決議必要型	○組織再編（現金対価）	○全部取得条項付種類株式 ○株式併合
株主総会（特別）決議不要型	○略式組織再編（現金対価） ◎特別支配株主による売渡請求（新設）	

（法制審議会会社法制部会　部会資料12を参考に作成）

　これに対して株式併合というもともとの制度があるのですから、株式併合で同様の目的を達成できないのかも検討されていました。しかし、これまで事業再編に株式併合を利用することは想定されていなかったですし、株式併合には株式買取請求権の制度がなかったことから、全部取得条項付種類株式が利用されていたわけです。そこで株式併合についても、株式買取請求権の制度を設けて、株式併合を株式公開買付け後の残りの株式の回収に使えるような制度としました。株式併合によって、併合前の株式を、ほぼ端数にしてしまえば、端数となった株式に現金を交付することで、株式を回収することができるわけです。こうして、株式併合もキャッシュアウトの一方法として位置づけることができます。

　キャッシュアウトには、このような全部取得条項付種類株式や株式併合という手段があるわけですが、その他に、株主総会を経ずに、より簡単な方法で会社の事業再編を実現するため残りの株式を回収する方法として、前に触れました特別支配株主による売渡請求の制度が新設されたということになります。

第3講　平成26年改正会社法と最近の議論状況〜ガバナンスを中心として

従前の略式組織再編の制度も90％以上の支配会社が行う組織再編ですので、組織再編の代わりに特別支配株主による売渡請求の制度を使った方が、短期間かつ簡易に株式を回収することができるというわけです。

3　株主総会等の決議取消の訴えの原告適格

このほか、今回の会社法改正では、以上のようにキャッシュアウトで株式を失った株主も、株主総会の決議を争えるようにするために、株主に株主総会決議取消の訴えにおける原告適格を認めるという手当もなされました。

4　その他

改正法は、組織再編に伴う少数株主の保護の施策として、株式買取請求の制度や差止請求権の制度を整備しています。このあたりは条文をご確認ください。

また、会社分割等における債権者の保護の制度を整備し、本来引き継がれない債務についても引き継がれるようにしていますので、こちらもご確認ください。

以上が平成26年改正会社法の概要です。しかしながら、現在、会社法改正から数年が経過して、コーポレートガバナンス・コード（CGC）が適用になるなど、その後のガバナンスを巡る議論にも変化があります。そこで、最近の議論の状況についてもお話ししたいと思います。

8　CGCへの対応とその実質化

　コーポレートガバナンス・コード（CGC）は、平成27年6月1日から適用されています（東証上場規程436条ノ3別添）。金融庁の有識者会議で原案が作成され、これが東証の上場規程の別添として記載されました。つまり、上場規程の中の「企業行動規範」における「遵守すべき事項」として、436条ノ3で、いわゆる「Comply or Explain」をしなさいという規定が盛り込まれました。

　コーポレートガバナンス・コードの実施状況については、資料1（H28・12末時点）をご覧ください。かなりの会社でComplyが進んでいることがわかります。

　また、コーポレートガバナンス・コードに関連する社外取締役の選任状況、監査等委員会設置状況については、さきほど資料2（H29・7・26時点）で見ていただいたとおりです。

9　ガバナンスの実効化のための検討事項（実務指針を踏まえて）

　コーポレートガバナンス・コードが適用になったことは、大きなインパクトを上場企業に与えたことと思います。形式的な対応として、コーポレートガバナンス報告書を作成するというところから、徐々にその実質化、実効化ということが行われてきており、どうしたらガバナンスを強化することができるのかという視点から、各社検討している状況です。ガバナンスの実効化のための検討事項については、今回の講義のレジュメの冒頭に記載した「ガバナンスに関

する近時の動向」の表で2017年3月31日に公表された経産省の「CGSガイドライン」（実務指針）」が出されていますので、その内容を踏まえて検討してみたいと思います。

この実務指針には3つの大きな枠組みがあげられています。第1に「取締役会の在り方」、第2に「社外取締役の活用の在り方」、3つ目に「経営陣の指名・報酬の在り方」です。この順番でご説明していきます。

第1　取締役会の在り方

まず、取締役会の在り方について実務指針にどのように書かれているかですが、どのような取締役会を目指すのかというのが、一番大きなテーマだといえます。コーポレートガバナンス・コードの「原則4」に関連する問題ですが、実務指針で考えられているのは、次の①と②です。

① **経営判断の軸となる中長期的戦略の立案**
社外の視点や知見を取り込むことが重要だとされています。

② **経営陣の指名、インセンティブ（報酬）**
具体的な戦略を設定して、指名・選任をし、報酬を決定していく。それによって、取締役がリスクテイク（攻めの経営）ができるような体制づくりをする。そして、実際に取締役の活動と成果をチェックして、これを会社の中長期的戦略に反映し、同時に経営陣の指名・報酬にも反映させるという循環を作ることで企業価値の向上を高めていくというのが、コーポレートガバナンス・コード原則4の考え方です。ガバナンスの仕組みの中心は取締役会であることは当然のことですが、コーポレートガバナンス・コードの最大の関心事も、取締役会であるということになります。

1 取締役会の機能と役割

それでは、取締役会の機能と役割について実務指針はどう考えているかをみたいと思います。

(1) 意思決定機能と監督機能

まず、会社法362条2項は、重要な業務上の意思決定と職務執行の監督及び選任解職の権限を定めています。では、意思決定と監督という機能を分けて考えたときに、個別の業務執行の決定をどこまで取締役会で取り扱うのが最も効果的なのかということがまず問題になってきます。

実務指針がひとつのパターンとして取り上げているのが、以下の【A】と【B】の方向性です（実際にはパターン【C】というのがあるのですが、少々複雑になるので説明を省略します）。

【A】 監督機能に特化させる方向
【B】 意思決定機能を重視しながら、監督機能を強化する方向

(2) 取締役会の機能と役割についての視点

【A】の監督機能に特化させる方向を重視するとき、何を考えるべきなのかについて、実務指針では「参考」ということで記載されています。つまり、実務指針では、取締役会を監督機能に特化させるならば、過半数の社外取締役を中心に取締役会を構成すべきだとしています。また、議長は、業務執行者以外のメンバーが就くべきであるとも言っています。

このほか、経営戦略、業務執行の決定は最少限とする付議事項の見直しが必要であること、効率性のため指名報酬委員会の設置もあり得るが、必ずしも取締役会を拘束する必要はない、と指摘してい

ます。

　これに対して、【B】の意思決定機能を重視しながら、監督機能の強化の方向を探るのであれば、まず社外取締役を一定数選任することで監督機能を強化するととしています。また、取締役に対する監督機能を取締役会以外で機能させる方策として、指名・報酬委員会を設置して、その決定を取締役会が尊重するという会社が想定されています。

(3) 監督機能の強化の必要性

　以上の「意思決定か監督か」という問題とは別に、【A】・【B】いずれの方向を取るにしても、取締役会の監督機能を強化する必要があるだろうとされています。監督機能を強化するということからすると、独立社外取締役が相当数を占める、指名報酬委員会を設ける、取締役会への付議事項を見直すなどが考えられます。取締役会の決議事項を絞れば絞るほど、その監督機能に力を注ぐことができるという考え方によるものです。また、取締役会開催の頻度を高め、十分な時間を確保することで、監督機能を高めるとも指摘されています。こうして監督機能を強化することによって、経営陣の業務執行の正当性を高めることができるのではないか、ということです。

　なお、監督機能を重視する立場であれば、モニタリングの仕組み（独立社外取締役、任意の委員会、内部統制システム等）の整備がより重要になる、というのが実務指針の立場です。

　こうした監督機能の強化という面から、取締役会の付議事項の扱いについて検討したいと思います。

　従前の監査役会設置会社においては、重要な業務執行の決定が取締役会の権限になっているので、重要な業務執行は取締役会で決議しなければならないという縛りがあります。この業務執行の決定権

限を緩和して、監督機能に傾注すべきではないかということが、近年指摘されているところです。

それでは、現在の取締役会の付議事項の見直しは、どのような状況なのか。企業アンケートの調査がありますので、これをご紹介します。

【付議事項の見直しの状況】

> ＊取締役会の付議事項の見直しを検討している会社は50％
> そのうち、59％が付議基準の引き上げや付議項目の削減による委任範囲拡大という方向（⇔　方向性は定まっていない）

(CGS研究会報告書参考資料：企業アンケート（H28・6月末日時点）より)

このアンケート結果によりますと、見直し検討中の会社のうち41％の会社は、その方向性が定まっていないということになります。この付議基準について、私が所属している東京弁護士会の会社法部が出版している『新・取締役会ガイドライン』には、重要な財産の処分等について、最高裁と同じく総合的な検討とともに、会社資産の1％程度を一応の目安にすべきである、としています。そして、最高裁平成6年1月20日の判決によれば、簿価が総資産の1.6％に相当する価格の株式の譲渡について、重要な財産の処分に該当するとしていて、最高裁は、財産の価格、総資産に占める割合、財産の保有目的、処分行為の態様その他の事情を総合的に考慮して判断するとしています。ただ、この「重要な財産の処分」に該当するかの判断の要素として、総資産の1.6％にあたることも理由の一つとしています。

このように、総資産に占める割合を考慮する最高裁の判断もありますから、各社が取締役会規程等によって「重要な財産」の基準として総資産に占める割合などを基準として定めているというのが実

第 3 講　平成26年改正会社法と最近の議論状況〜ガバナンスを中心として

情です。

　ただ、現在の法制審議会とメンバーが重なる商事法務研究会の会社法研究会では、監査役会設置会社についても、付議基準についての最高裁の判例はあるけれども、総資産の 1 ％程度では取締役会が本来行うべき重要な業務執行が疎かになるのではないかということで、もう少し絞りをかけて、モニタリングを重視する方向性を出せるようにしたらどうか、という意見が出されています。しかし、監査等委員会設置会社というモニタリング重視の仕組みがあるのに、敢えて監査役会設置会社において、モニタリング重視の体制を取らせることの是非が問題になりますし、取締役会で決議する事項が少なくなれば、実際に取締役会に出席して情報収集をすることが予定されている監査役の情報収集の機会も少なくなってしまいます。以上のことから、監査役会設置会社において、取締役会の付議基準を大幅に緩和するということには慎重な検討が必要だといえます。

　なお、法制審議会はまだ始まったばかりで、議事録も公表されていませんが、商事法務研究会で開かれていた会社法研究会の報告書が本年 2 月に公表されていて、その研究会の多くのメンバーが法制審議会の会社法部会のメンバーになっていることから、この会社法研究会での議論の内容から、法制審議会での議論が予測できると思われます。

　さて、先ほどから申し上げている取締役会の機能と役割について業務執行に関する意思決定機能と業務執行に関する監督機能のどちらを重視するかに関する【A】と【B】の考え方は、従来型の業務執行に関する意思決定を重視する監査役会設置会社と平成26年改正で業務執行に関する監督機能を重視することが制度的に可能となった監査等委員会設置会社の機関構成の違いに現れてきます。

163

そこで、監査役会設置会社と監査等委員会設置会社の比較をしてみましょう。

(4) 監査役会設置会社と監査等委員会設置会社の比較

双方とも、「重要な業務執行」の決定は、取締役会決議事項（362条4項、399の1③第1・4項）であることが大前提となります。

ア 監査役会設置会社の監督、監査の体制と検討課題

監査役会設置会社については、監督機能をもう少し重視していくべきではないか、という指摘があります。後に述べる社外取締役の選任と指名・報酬委員会の設置が進んでおり、こうした面から監督機能の強化が各社で模索されているものと思われます。

これまで、ガバナンスの強化というと、監査役制度の強化という面から、長年、会社法の改正が進んできました。その監査役をもっと活かそうということで、監査機能の充実という面から監督機能の強化が進んでいるといえます。

もともと監査役というのは、独任制であって、実際に現場を見て、聞いてという実査を前提とした機関で、会社法上、常勤の監査役を置くことが義務づけられています。

このような位置づけの監査役による業務執行の適法性監査と、監査役が運用状況も監査する内部統制システムによって、監査役による実効的な監査の前提として、その権限は充実しているといえます。

イ 監査等委員会設置会社の監督（監査）体制と検討課題

次に、監査等委員会設置会社においても、重要な業務執行の意思決定は取締役会の権限とされています。例外として、過半数の社外取締役がいる場合と、定款で定めた場合には、業務執行の決定を大幅に業務執行取締役に委任することができることとされています。

監査等委員会設置会社に移行した多くの会社はその定款で、業務

執行の決定を委任できる定めを置いているというのが現状ですが、実際にどういう業務の意思決定を委任するかは、取締役会規程等の内規で定められるものと思われますので、それぞれの会社でどのような範囲で委任するかを検討することになろうかと思います。

ウ 監査等委員会の監査

　監査役に代わって監査等委員会が監査をするというのが監査等委員会設置会社ですが、監査役が実査を主体にして内部統制システムを使って監査を行うのに対して、監査等委員会による監査は、内部統制システムの運用状況をモニタリングして組織的監査をすることが想定されている、と立法担当者の解説書には記載されています。このため、監査等委員については、常勤者の義務づけはありません。しかし、これでは却って監査の機能が弱まるのではないか、との見方もあるわけで、監査等委員会設置会社になったからといって、従前、監査役が社内の会議に出席したり、常勤監査役の例ですが、実際に工場等に出向いて実際に監査をするという形態や、社内の各部署の方の意見を聞くという監査の方法を全く踏襲しないというのでは、実際の監査は成り立たないのではないかと思います。従来型の監査の方法も行っていく必要があるということです。

　このような実査型の監査に加えて、重要な業務執行の決定を業務執行取締役に大幅に委任する会社ということであれば、内部統制部門の部員・メンバーの増員等、内部統制システムを充実させるという監督機能の強化もなされるべきでしょう。そのような意味でも、監査等委員会設置会社については社外取締役の増員が求められると思います。ISSという議決権行使助言会社が平成28年の夏に、監査等委員会設置会社に移行した会社については、4名の社外取締役を選任すべきという方針を示しましたが、実際に助言基準として採用

することは見送られました。ISSのこうした動きには、安易に監査等委員会設置会社に移行する会社を牽制する意図があったものと思われます。このような助言会社の動きもありますので、監査等委員会設置会社になったからといってほっとすることはとてもできない状況です。特に社外取締役を選任することで、監査役会設置会社のように社外監査役と社外取締役の両方を選任しなくてはならないことを免れることができることから、監査等委員会設置会社に移行した会社も少なからずあるようですので、そういった会社では今後、移行後のガバナンス体制の在り方について具体的な検討が必要になってくると思われます。

第2 社外取締役の活用の在り方

次に、社外取締役の活用の在り方について考えてみましょう。

CGコードの考え方や、現時の一般的な考え方として、ガバナンスの強化は社外取締役の活用の在り方に係っているとの見方があることから、実務でどのようなことが検討されるべきかが実務指針にも盛り込まれています。

1 取締役会の在り方の検討

取締役会の在り方については、既に検討したとおり、社外取締役にどのような役割を期待し、会社としてどのような機能を求めていくのかが問題とされていますが、結局のところ、どのように監督機能の強化を図っていくかということになろうかと思います。この点の明確化が求められますが、CG原則4−7の(i)から(iv)のところに、期待される役割や機能というものが列記されています。

第3講　平成26年改正会社法と最近の議論状況〜ガバナンスを中心として

【社外取締役の役割】

1	経営戦略・計画の策定への関与 実際に経営戦略や計画を策定するのは執行側であることに変わりはないのですが、決定過程（プロセス）にかかわることによって、対外的に説明責任を果たさせるような経営戦略を策定するため、経営陣に対し、説明責任を果たさせる役割 合理的な根拠、リスク検証
2	指名・報酬プロセスへの関与　（＊指名・報酬委員会） 指名・報酬を通じた評価⇒監督、説明を求める役割⇒評価 達成度合いと要因、外部要因、中長期的な企業価値向上
3	利益相反の監督 役員報酬、企業不祥事対応における役割もさることながら、MBOにおける株式の価値についてどのように評価するのかについては経営陣がファンドなどと組んで会社の株式を購入するということになるので、経営陣から独立した社外取締役の出番があります。支配株主等との取引、敵対的買収についても第三者委員会が設置されるケースがありますが、その中でも社外取締役の果たす役割は大きいのではないかと思われます。
4	株主その他ステークホルダーの意見の反映 ステークホルダーのなかの株主に焦点をあててほしいというのが株主投資家の意見を反映
5	個別の業務執行の決定への関与 取締役会で個別の業務執行の決定が多い場合、その度合いも高まる 助言機能、監督機能とのバランス
6	内部通報の窓口や報告先

（ガイドライン別紙2をもとに作成）

　このほか、原則として社外取締役が行うことができる行為の例については、CGSの在り方研究会報告書・別紙3「法的論点に関する解釈指針」に記載してありますので、ご覧いただきたいと思います。

2 就任条件の検討

このほか、社外取締役の活用については、適切な人材に就任してもらう必要があることから、就任条件の検討もしなければならないところです。

これについては、報酬等の問題もさることながら、特に問題となるのは、責任についてです。国際的な比較においても、社外取締役が不測の事態により責任を問われることがないようにする担保がなければ、特に外国人の取締役を招聘するのは、難しいのではないかと思われます。

そこで責任面については、責任限定契約を結んでいる会社は数多いと思いますが、D&O保険といわれる役員賠償責任保険の保険料負担が最近の話題に上がっています。

日本の場合、会社による補償を認めていないので、実際には役員の責任を担保するという保険になっています。そこでこの保険の中身を少し説明しますと、役員が不当な行為で株主または第三者から責任を追及された場合にその役員の責任を担保する、という保険です。(ア)これには保険の免責事由が盛り込まれていて、不誠実または犯罪行為などいわば故意による結果に関する責任追及については、保険で担保しませんよ、ということが書かれているのが一般的です。(イ)また、法律で許されない個人的な利益を得た場合、つまり、利益相反の関係、いわゆる忠実義務違反の関係に基づいて利益を得た場合は保険金の請求はできません、というような免責事由が盛り込まれるのが一般的です。(ウ)加えて、役員は保険を掛けていても一部の負担が生じ、責任追及訴訟で勝訴した場合においても、一定限度の負担が求められるかたちになっています。これは一

般に保険には免責金額が定められていますが、免責金額を超えて保険の対象となるのは、一定の掛け率90％とか95％という割合であり、その限度で損害が填補される仕組みになっています。

このように、D＆O保険は、免責事由が定められて故意の責任は保険金を給付しない、また一定額は負担しなければならないという制度になっています。こうした保険であることから、一定の合理性があると考えられて使われてきたわけです。現在問題となっているのは保険料の負担、即ち、D＆O保険の保険料の全額を会社が負担することはできないか、ということです。

実務では、役員は保険料相当額を役員報酬から天引きされており、その天引きされた金額から役員賠償責任保険の特約部分の保険料が支払われるという取扱いがなされてきました。この特約部分とは、実際には役員が敗訴した部分の保険料ということになりますが、報酬という形で保険料を負担すると当然課税所得が生じます。全体の保険料の10％程度ということですが、この部分も会社負担で支払うことができないかが現在議論にあがっています。これは役員のわがままということではなくて、有能な取締役を招聘したいとなったときに、より有利な条件で就任してもらうということを想定した議論であることを理解しておいてください。

実際に、第三者に対する責任について、あるいは、株主代表訴訟で勝訴した場合には訴訟費用の部分についてはこれまでも会社が負担していました。実際に会社が負担していないのは、代表訴訟で敗訴した場合の責任の部分です。そこで問題になるのは、代表訴訟で敗訴した場合の保険料を会社が負担してよいか、取締役の責任の一部免除にならないか否か、ということです。

この点については、さきほども述べましたが経産省の解釈指針で、株主代表訴訟の敗訴時の担保部分の保険料については、構造的に利益相反性があることは認めつつも、①取締役会の承認、および②社外取締役が過半数の構成員である任意の委員会の同意または社外取締役全員の同意の取得という手続があれば、会社が保険料を負担しても構わないのではないか、という解釈の指針が示されています。これを受けて経産省が国税庁に照会をしたわけですが、国税庁の回答としても経産省の指針と同様に、①取締役会の承認、および②社外取締役が過半数の構成員である任意の委員会の同意または社外取締役全員の同意の取得という手続を要件として、会社が保険料を負担してもよいという回答をしました。こうした回答を受けて、平成28年からこのような内容の保険も発売されているようです。

　こうしたD&O保険の保険料負担については、法制審議会でも議論がなされる予定で、法律でも表現はともかく何らか規定される可能性もあります。一方、会社補償については、そもそもアメリカでは、代表訴訟が起きれば、高額な弁護士費用を内容とする訴訟費用について会社が負担し、勝訴時に会社が保険金を受け取るという運用がなされています。日本ではこれまで会社補償が認められてきませんでしたが、会社補償というものを認めてもよいのではないか、という議論も法制審議会でなされる予定です。以上、駆け足でしたが、役員賠償責任保険についての最近の議論状況についてお話いたしました。

第3　経営陣の指名・報酬の在り方　〜　指名・報酬委員会の活用

　次に、指名・報酬委員会の活用という点について説明します。

第3講　平成26年改正会社法と最近の議論状況～ガバナンスを中心として

1　指名・報酬の在り方

(1)　指名

　これまで、指名については、社長の選解任及び後継者計画の原案を作成する役割は、社長が中心になって考えてきました。今後も、社長および経営陣が検討していくものと思われます。

　この点について、実務指針では、これまで頭の中で考えていた「戦略に適応する候補者の選定」ということをもう少し対外的に説明できるような形、つまりは選定プロセスの透明性をきちんと社外のステイクホルダーに説明できる形で決定すべきことから、任意の指名委員会という方式が活用されるべきではないかと指摘されています。

(2)　報酬

　また、報酬については、これまで「お手盛り防止」ということが言われてきましたが、日本の企業の報酬の水準は世界的な水準でもアジア地域の水準からみても、高額というわけではないことから、お手盛り防止の点をあまり強調しなくてもよいのではないかとの考え方が多いようです。また近時は、「攻めの経営」ということが言われますが、むしろそのためのインセンティブとしての報酬という側面を充実させていくべきではないか、というような議論がなされています（CG原則4－2、4－2①）。

2　指名・報酬委員会の活用（CG4－10）

　こうして指名・報酬の透明性の観点から、任意の指名・報酬委員会の活用がコーポレートガバナンス・コードにも盛り込まれています。

任意の委員会の設置状況は次の表のとおりですが、急激に増加していることがわかりますし、JPX日経400に限定すると、指名委員会は57％が設置済みとのことです。報酬委員会は60％が設置済みです。こうした任意の委員会の増加は、指名報酬委員会というものが社外取締役の具体的な活用の場面として、より対外的にも理解されやすいということがあると思います。近時「第三者委員会」流行りともいえる状況がありますが、役員の指名・報酬について、任意の委員会が注目されている状況にあります。

【委員会の設置状況】

＊法定・任意の委員会の設置の急増
　・・市場第1部：指名委員会、報酬委員会とも30％超が設置
　　　JPX日経400では57％超が設置（うち、指名委員会等設置会社は8.8％）

(資料2)

(1) 社外取締役の活用のための視点

　さて、社外取締役の具体的な活用という点から考えますと、取締役会の独立性・客観性と説明責任を強化するためのいくつかの方策が考えられます。

　1つ目は、取締役の相当数（過半数など）を社外取締役とする方法ですが、変化の度合いが大きいこともあって、日本の企業はそこまでは進んでいません。

　2つ目に、社外取締役に対する取締役会での審議前の説明の充実や、個別の意見交換の実施によって、監督を強化する方策が考えられます。しかし、この方法だとその審議過程が外部に見えにくいですし、運用も企業ごとにまちまちになる可能性があります。

　そこで、3つ目の方法として、取締役会の下に社外者中心の任意の委員会を設けるという方法が、より対外的にも説明をしやすい体

第3講　平成26年改正会社法と最近の議論状況～ガバナンスを中心として

制ではないかと思われます。

　最近では、株主総会における参考書類においても、「この議案は任意の報酬委員会の諮問を受けて、取締役会で決議しました」と明示している会社もあります。任意の委員会は、このような形で対外的に説明するのに適していると考えられているようです。

(2)　委員会の構成

　それでは任意の委員会はどのようにすれば活用できるのでしょうか。任意の委員会は、柔軟性・自由度が高いわけですが、制度設計や運用次第で対外的な説明に役立つ場合とそうでない場合がありえます。

　「実務指針」では、「①少なくとも社外者が過半数、または②同数でも委員長が社外者であることが考えられる」と記載されています。

　こうした任意の委員会の構成の現状ですが、社内取締役と社外取締役のバランスをみると、過半数以上が社外の取締役である任意の委員会は5割弱です。半数は過半数に至っていないということになります。委員長についてみますと、社外取締役は4割強で、社外有識者1割未満となっています。半数以上の会社の委員長が社内者ということになります。

　このように「実務指針」のあげる①と②の要件をクリアしていない会社が、相当程度存在しており、任意の委員会といっても、その形式的な構成という面からみると、経営者からの独立性という意味では各社様々であるというのが現状です。ですから、独立性をどのように考えていくかということがひとつあろうかと思います。実際には委員会を作って、社外者が委員会に入って意見を述べることで、委員会の空気はだいぶ違ってくるという話も聞きますので、社外者

が過半数いなければ全く機能しないというわけではないと思います。しかし、やはりある程度の数の社外取締役が、また社外監査役も含めて、社外者が委員会を構成することが委員会活用の実効性を高めるには重要だろうと思います。

(3) **諮問対象者・事項**

それでは、任意の委員会は何を審議すればよいのでしょうか。

企業へのアンケートでは、指名委員会については、30％弱の会社で社長・CEOの指名が審議対象になっていません。また、37％の会社で執行側が次期社長・CEOの候補者をひとりだけ選定しているというのが実情です。社内からの昇進ということであれば、その者の経歴や活動を評価して執行側が特定の候補者を選定するということはもっともなこととも考えられますが、社外から招聘する場合などは複数候補者を検討することも考えられてよいと思います。指名委員会活用の意義は、会社のトップである社長の指名や次期社長の候補者の適格性を判断するところにあるとされています。実際にも、これまで指名委員会等設置会社の制度を採用する会社が少なかったのは、指名とか報酬の決定を社外の方に委ねることに抵抗があったからだと言われてきましたが、指名・報酬委員会を立ち上げたといっても、そのような意識は強く残っているものと思われます。そういう意味では、経営者側の本当のやる気というものが、指名・報酬委員会を活性化させる途なのではないかと思います。

現在の株主や投資家の関心は、任意の委員会の実効性に移りつつあります。諮問事項の内容や審議プロセスなどの運用状況、その開示の程度などにより、その実効性の評価が左右されるといえそうです。

第3講　平成26年改正会社法と最近の議論状況～ガバナンスを中心として

【指名・報酬委員会の審議対象】

> 指名：30％弱の会社で社長・CEOの指名が審議対象になっていない。
> 　　　37％で執行側が次期社長・CEOの候補者を単数のみ選定
> 報酬：10％強の会社で社長・CEOの報酬が審議対象になっていない。
> 　　　61％で短期指標の業績連動報酬を導入しているが、中期指標の導入は14％に過ぎない。

（CGS研究会報告参考書類：企業アンケート（H28・6月末日時点）より）

第4　経営陣のリーダーシップの在り方（相談役・顧問、取締役会長）

　議決権行使助言会社のISSは、会社が定款の定めをもって、取締役という肩書きを持たない相談役や顧問の制度を新たに制度として作ることについては、反対を推奨しています。相談役制度などは、法律上の制度ではないため、定款等で定めなくとも自由に作ることができるわけですが、このような制度については疑問を持つことをISSは表現しているものと思われます。

　具体的には、取締役であれば法律上責任を負うわけですが、取締役ではない相談役や顧問の責任の取り方はあいまいである、というのがISSの問題意識だといえます。

　実際にアンケート調査をみると、意外に相談役・顧問の制度が存在することがわかりますし、就任されている方がかつて社長・CEO経験者であることがわかります。こうなりますと、現社長にとっては、相談役・顧問の意向を踏まえた経営をすると見られても仕方がないのではないかという面も否定できません。現にアンケートにも、相談役・顧問の役割は、現経営陣への指示・指導が36％もありますし、役割を把握していないとか役割は特にないという回答さえあることは、日本の会社ならではと思わざるを得ません。アンケートに

175

答えた会社でこの数字ですから、答えない会社、実際のところはどうなのだろうと思います。

【相談役・顧問の制度の状況】

・78%の会社で相談役・顧問の制度が存在、うち62%の会社で在任中。
　そのうち、約60%が社長・CEO経験者が就任している
・その役割は、社外活動に加え、現経営陣への指示・指導（36%）、役割を把握していない（10%）、役割が特にないとの回答（7%）
・約20%の会社で見直し、あるいは見直しがされつつある。

（CGS研究会報告書参考資料：企業アンケート（H28・6末日時点）より）

　なお、相談役・顧問・会長の役割としては、他社の社外取締役の人材供給源にしていきたいという政府の意向があります。経産省では、現経営陣を他社の社外取締役にしてはどうかという意見も出ています。ただちには想像しにくいところではありますが、それだけ日本では経営陣の人材が不足している状況ともいえそうです。会社法やコーポレートガバナンス・コードで会社のガバナンス体制の強化が求められていますが、実際にはこの失われた10年20年という期間に、経営環境が大きく変化したことが大きいと思いますが、イノベーションを起こす経営が不足していたという面も少なからずあるのではないかとも指摘されています。こうした面から実際の人材供給と後継者の育成（これはコーポレートガバナンス・コードにも盛り込まれていますが）についても真剣に取り組むことが求められている状況です。

第 3 講　平成26年改正会社法と最近の議論状況〜ガバナンスを中心として

10　法制審議会で審議されている事項

○印がついている部分は、今日の話で触れているところです。
1　株主総会に関する手続の合理化
　・株主総会資料の電子提供制度の新設
　・株主提案権の濫用的な行使を制限するための措置の整備
2　役員に適切なインセンティブを付与するための規律の整備
　○取締役の報酬等に関する見直し
　○会社補償に関する規律の見直し
　○会社役員賠償責任保険（D＆O保険）に関する規律の整備
3　社債の管理の在り方の見直し
4　社外取締役を置くことの義務付け等
　・社外取締役を置くことの義務付け
　○社外取締役の要件である業務執行性の見直し
　○重要な業務執行の決定の取締役への委任に関する規律の見直し
5　責任追及等の訴えに係る訴訟における和解に関する規律の整備
その他

　本日のテーマである改正会社法とガバナンスに関する最近の議論状況についてのご説明は以上のとおりです。会社法に関する改正や最近の議論は、日本再興戦略に基づく経済政策の影響を強く受けていますので、コーポレートガバナンス・コードのComply, Explainの選択において、また各制度の理解や実際の運用にはその背景にあ

る議論を十分踏まえておくことが必要ではないかと思っております。そうした意味で本日の講演が多少なりともお役に立てましたら光栄です。ご清聴ありがとうございました。

第 4 講

システム開発紛争の取扱い

弁護士 伊藤雅浩

伊藤雅浩　*Masahiro Ito*

　96年名古屋大学大学院工学研究科情報工学修了。アクセンチュア（株）等において、SAP R/3等の導入企画、設計、開発、運用、プロジェクトマネジメントに従事。07年一橋大学法科大学院終了。08年弁護士登録。13年内田・鮫島法律事務所パートナーを経て、現在、シティライツ法律事務所パートナー。システム開発現場、コンサルティングビジネスの経験に基づくシステム開発、障害に関する紛争処理、ソフトウェア知財・法務が専門。

第4講　システム開発紛争の取扱い

法律との出会い ── 自己紹介に代えて

❖ …… 私が法律に出会うまで

　私は新61期です。いわゆるロースクール世代の最初の年にあたりますが、もともと私は名古屋大学で情報工学を専攻しておりまして、いま流行のAIの研究を90年代にしていました。その後、現在アクセンチュアという外資系のシステム導入などをする会社に入社して、96年からシステムの企画設計や開発運用業務に就きました。その後、ITバブルと言われた時代がありまして、独立して会社を興したアクセンチュアの先輩たちに誘われて、スカイライト・コンサルティングという会社に移って、大規模基幹系システム開発のプロジェクトマネージャー等に従事していました。

　2003年に、自分が関っていたシステムの導入案件でトラブルが発生して訴訟に発展し、生まれて初めて弁護士と会いました。弁護士の方にシステム開発の何を説明したらよいのか、あるいは説明してもなかなか分かっていただけないという思いがありました。そして、生まれて初めて訴状を見て、「訴外伊藤」というのが何回も出てきて、とても嫌な思いをしたのですが、あれは本当に堪えました。ですから自分が訴訟代理をしているときは、「訴外」の方に、「そんなに気にしなくてもいいですよ。」と申し上げるなど、私は担当者の気持ちをかなり配慮するようになりました。訴訟に巻き込まれたちょうどそのころにロースクールが出来ることを知って、弁護士さんに説明するくらいなら自分でその道に入ろうと思い、こういう言い方はよくないんですけど、相談していた弁護士さんが非常に物足りないというか、私の説明をよくわかってくれないなあ、という思

いがあったので、会社員を経て弁護士登録をしたということもあって、現在では、システム開発、ネットビジネス、それにかかわる知財に関する紛争を扱っております。ですから、今日ここにいらっしゃっている先生方の前では恥ずかしいのですが、私は離婚事件や交通事故、相続、債務整理は、一回もやったことがありません。訴訟はたくさん手がけていますが、多くの弁護士さんがやる分野の事件はよく分かっていないことも多いです。その意味で、私の業務分野はかなり偏っています。

❖ …… 私の手掛けた訴訟は判例データベースにはありません

今も、私が代理しているシステム開発に関する訴訟は、5〜6件係属しています。一件あたりの記録の量が多いこともあり、なかなか何十件も受任することはできません。5年以上やっている案件もあります。システム開発紛争については、数多くの事件を手がけているわけではありませんが、終わった事件も含めると、私はそこそこの数をやっていると思うのです。ただ、残念ながらというわけではありませんが、判決までいった事件は1件しかなくて、ほとんどが和解で終わっていることから、公開された判決がないんです。よって、システム開発の事件をやってます！　と、判例データベースなどでアピールすることは、なかなかできません（笑）。

❖ …… システム開発紛争に関する文献

『システム開発紛争ハンドブック』（レクシスネクシス、2015）という本を松島淳也弁護士と共同執筆で書きました。現在、改訂準備中です。もう一冊、ソフトウエア開発委託契約、ソフトウエアライセンス契約、システム保守契約等について言及した『ITビジネスの

契約実務』(商事法務、2017) が出ました。

あまり多くの本が出ていないので、分野として確立していません。まだまだ案件としても多くはないです。裁判所に専門部などない領域です。これからお話しますが、このシステム開発にかかわる領域は、知財のようにたくさんの判例が積み重なっているというわけではなく、結局は、民法の話に帰着するわけですが、本論に入っていきましょう。

1 システム開発とは何をするのか

1 システム開発のイメージ

次頁の図はネットでよく見かけるものの原形です。
この図は、顧客が説明したもの、顧客が本当に必要だったもの、その他、プロジェクトリーダーの認識や関係者の認識それぞれが少しずつずれていることが分かります。

❖ …… システム開発と建築

システム開発は建築のアナロジーとして説明されることがありますが、建築と違って、設計図や模型のほかパソコン上でバーチャルな空間を表示することができないわけです。こういう感じでこうなんだ、という説明をしながら作っていくのがシステム開発ですから、出来上がってから「違うじゃないか!」という話がものすごく多い

わけです。それを表したのが、さきほどの図ということになります。

2　工程について

　システム開発をするときに出てくる用語がありますので、ご紹介します。この図表1は、Vモデルといわれるもので、システム開発ではよく使われるものです。

　左の上から順番に、下に向かって作業が進んでいき、プログラミングが終わると、今度は右上に向かって工程が進んでいくことを表しています。

　左の一番上は、計画なのでまず置くとして、システム開発は「要件定義」というのがあって、設計の段階、最後にプログラムを書く

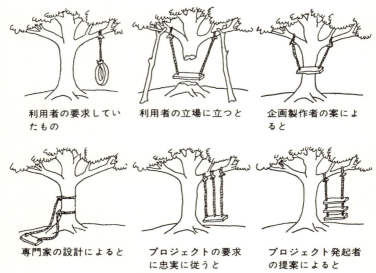

利用者の要求していたもの　　利用者の立場に立つと　　企画製作者の案によると

専門家の設計によると　　プロジェクトの要求に忠実に従うと　　プロジェクト発起者の提案によると

出典：Alexander C著、宮本雅明訳『オレゴン大学の実験』（鹿島出版会、1977）

という工程で、それを右側でテストをしていく、ということです。テストも、プログラムを最小の単位で動くかどうかを確認して、お隣の人のプログラムとくっつけてもきちんと動くかを確認し、徐々に大きな塊での動作をテストしていって、最後に全体の運用をテストする、ということになります。こういうやり方をウオーターフォールという言い方をしますが、このやり方は1980年台から変わっていません。

3 プロジェクトの関係者

システム開発プロジェクトにはたくさんの人たちが関係します。建築と同じように、多重の請負構造になっている、というのも似ていますが、大規模のシステム開発になると、発注者側（施主側）、この図表2ではユーザ企業ですが、そこそこの規模になると、この企業の中にもシステム部門があって、ユーザ部門があって、さらに

図表1　システム開発プロジェクトの進め方

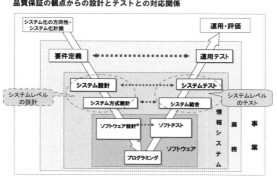

（モデル契約　31頁，共通フレーム2013・24頁）

そのユーザ企業の下にシステム開発の子会社があったりします。昔のようなIBMやNECのようにハードウエアもソフトウエアもすべて丸抱えで一社で開発し製品として供給する仕組みではなくて、最近のクラウドの時代になると、多重構造で役割分担をして開発をすることから、関係者の数は特に増え、さらに関係者は海外にまで及び、この図の右下のベンダ(オフショア)にあるように、中国とかベトナム、カンボジアというアジアの会社に外注するなど、関係がより複雑になって、登場人物を正確に把握するのもなかなか難しいという状況にきています。

実際に事件を受任したとき、設計書などをどんと机に置かれても、正直、何がなんだかわからないと思います。けれど、何をやっているかといえば、先ほどのウオーターフォールの図を見れば明らかなように、プログラミングの段階では、ただひたすらソースコードを書いているだけです。それまでの要件定義書や設計の段階は紙のや

図表2　システム開発の関係者の一例

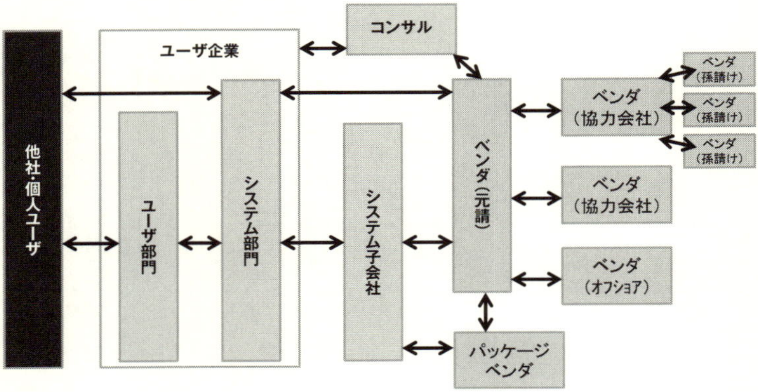

りとりです。できあがるとお客さんに承認印をもらい、次の基本設計の段階に移り、その承認印をもらいます。実際のところ、お客さんは設計書を見てもわからないので、「よくできているようだから承認」ということでお金を払って、次の工程ということで、最後にプログラミングが出来上がって動かしてみると、なんだ違うじゃないか、ということが起きています。

　システム開発の場合には、このような書類が作られます（図表3）。右下にある「議事録」、「課題管理票」、「仕様変更管理表」などはエンジニアでなくても読める内容になっていますから、このような書類が紛争の実態を把握するのに役立ちます。そこで相談を受けたときには、まず最初に、このようなものがありますか？と聞きます。

図表3　ドキュメントが重要

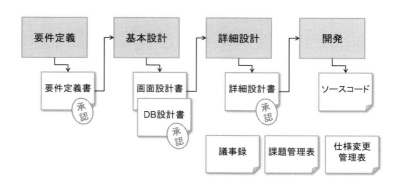

2 紛争の実態・紛争例の紹介

1 システム開発に関する紛争の概要

　私もかつてこのシステム開発の現場でトラブルに遭遇したことがあったので分かるのですが、システム開発には紛争が生じやすい土壌というものがあります。

(1) 目に見えない成果物

　設計書を見てもよくわからないとか、プログラムという目に見えないものが納品されて、その後、きちんと動かないじゃないかというトラブルが発生します。建築物等の目に見える形のあるもののやりとりとはかなり違う取引だと言えます。

(2) 階層的な受発注構造

　先ほどもお話ししましたが、発注者（ユーザ）内部でもシステム開発の部門とそれを使う部門があったり、開発者（ベンダー）側も、外部企業に開発を発注し、その発注先もさらに発注先を持つという多重的階層的な受発注の構造にあることから、いわば伝言ゲームが行われることで、相互の認識の齟齬が生まれやすい状況があると言えます。

(3) 頻繁な技術刷新

　私が開発の現場にいたときでも、ERPパッケージソフトというのが主流になって、これまで納期が3年かかったところを1年で納品できるとか、クラウドサービスが本格化したので、導入したその日からソフトが使えるようになりますとか言われるようになりましたが、逆にエンジニアがこの技術の進展に慣れないまま開発を進める

という状況も生まれるようになりました。

(4) 柔軟な変更要求

　建築の領域ですと、建物が出来上がった段階で、ウッドデッキを付けて！とか気軽には言えません。ところがシステム開発の現場では、内容物が見えないこともあって、その場で頻繁に「あれをやって。これを付けて」という要求がなされます。たとえば、蕎麦屋さんがお湯を沸かしているだけの段階ならば、蕎麦じゃなくてうどんに注文を変更しようとしてもそれに対応は可能です。けれど、蕎麦を茹で始めたのにスパゲティがいい、と言われても、それに対応することはできません。システム開発の現場ではこんなやり取りがよく起きています。

(5) 短納期

　ビジネスのスピードは本当に早くなっていますから、これまで企画から納品まで3年かかった納期が1年で、あるいはもっと短い納期で納品されることが求められるということです。同じものを3分の1で開発するのですから、ミスも生じやすくなり、トラブル発生の原因になります。

　日経コンピュータという雑誌には「動かないコンピュータ」という定番の人気特集がありまして、トラブルとか障害という事件が起きると掲載されます。これを読んでいると、本当にシステム開発にはトラブルが起きるのだなという思いに囚われます。

2　紛争の解決

　これからさまざまな紛争の事例をご紹介しますが、特に有名なところですと、平成25年9月26日のスルガ銀行と日本IBMの東京高裁判決（平成24年（ネ）第3612号）がありますが、それ以降、大企業

同士の何十億円という判決が相次いで出されています。

(1) **東京地裁平成28年4月28日判決（平成21年（ワ）43611号）**

こちらは大企業同士で代理人の先生方も有名な法律事務所同士の戦いです。

▼ERP導入プロジェクトが頓挫したという事案
▼ユーザは、システムを完成させる義務を怠ったとして、約40億円の損害のうち、契約上の責任限定条項の上限、約18億円の賠償を請求
▼ベンダは、契約延長分の委託料等や仕様変更分の合計約2億円を請求
▼裁判所は、プロジェクトの中止にはベンダの義務違反もあったとして、ユーザの請求額の3割（約5億円）を認容。他方、ベンダの請求についても業務は履行されていたとして全額認容

---

(2) **札幌高裁平成29年8月31日判決（平成28年（ネ）189号）**

こちらはつい最近の判決です。最高裁のウエブサイトに判決文がすぐに掲載されました。この事件については、のちほど少し詳しめにご紹介します。スルガ銀行とIBMの事件というのは、ベンダが負けてユーザが勝った事件ですが、ベンダに対して厳しく書かれていて、「裁判所というのは専門家に厳しい判断をするところなのだな」と思えるような裁判の流れがあったのですが、この札幌高裁は判決では、むしろ逆で、一審ではこれまでの流れのようにベンダに厳しい判決が出たのですが、札幌高裁では、発注者（ユーザ側）のわがままがよくないということで、ベンダの請求を認めました。もちろんこれまでにベンダが勝訴したケースもあったし事案も違うので一概には言えませんが、大型の事件でベンダを勝たせたというのは、比較的珍しいケースだといえます。

第 4 講　システム開発紛争の取扱い

▼医療法人の病院情報管理システム導入が頓挫したという事案
▼ユーザは、システムの引渡を受けられなかったとして、損害賠償約19億円を請求。ベンダは、代金等約23億円を請求
▼一審（旭川地判平28.3.29）は、ベンダの責任を認め、約 4 億円の賠償を認めた
▼高裁では、ユーザが追加開発要望を凍結後も、要望を出し続けるなど、協力義務を怠ったとして、約14億円の賠償を認めた

3　システム開発紛争はどこまで「専門的」か

　システム開発、IT関係の紛争は、専門性が指摘されます。実は専門性というのは、技術の面はあるわけですが、それだけではありません。

(1)　二重の専門性

　裁判官や弁護士は、システム開発のプロセスや技術であるとか業界知識に詳しくありません。それはおそらくどの専門的な分野においても同じことでしょう。問題はそこにあるのではなくて、二重の専門性ということが指摘されます。それは、お客さんは不具合があるというのですが、きちんとパソコンもプログラムも動いて計算ができているように見えたりします。しかし、お客さんは、このような計算結果では原価計算の業務には使えない、となったときに、たとえば化学メーカーの原価計算の仕組みはこうあらねばならない、という話が理解できないと、できあがったシステムに瑕疵があるかないかという判断はできません。ですから、発注者の業界や業務の専門性とベンダ側の専門性技術性の両方が理解できないと困るわけです。これを二重の専門性と呼びます。

(2) 解決までの時間が長い

さきほどの平成28年の東京地裁の事件の事件番号は平成21年のものなのですね。私もまだ平成21年の事件をやっていますし、解決まで3年から5年というのは当たり前にかかります。これだけ長くかかっても弁護士は仕事だから仕方がないとも思いますが、裁判を維持するにはお客さんから情報をもらい続けなければならないですし、私が「あのときの会議の議事録は残っていますか？」とか、「メールをください」ですとか言っても、当時の担当者は退職してしまいました、証人尋問をやっても長いときは5年6年前の話をしなければならないということもありますし、発注者（ユーザ）側としても、契約を解除してしまって、もう絶対に使わないシステムについての話をしなければならないという、非常に後ろ向きの裁判を繰り広げなければならないわけです。元来、紛争というものはそういうものかもしれませんが、そのとき依頼者に協力してもらわないと訴訟の遂行は困難です。そこで、裁判を行うと考える依頼者には、とても後ろ向きな作業が発生することをきちんと伝えておく必要があります。

二重の専門性
- 裁判所、弁護士は、システム開発プロセス、技術、業界知識に詳しくない
- 完成、不具合等の認定には、ユーザの業務の理解が求められる

解決までの時間が長い
- 紛争発生から、訴訟による解決完了まで3年、5年以上かかるケースは珍しくない

社内リソースの負担が大きい
- 使う見込みのないシステムのあらさがしや、資料の整理など、エンジニア、システム部門の負担が大きい

ここまではシステム開発紛争の総論部分です。次に各論に移ります。

3 システム開発契約・紛争をめぐる典型論点

1 契約の成立

図表4　契約の成立　（東京地裁平成17.3.28（公刊物未登載）をもとに作成）

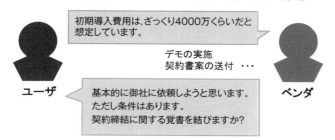

契約の成立という基本的な論点が生じるケースが少なくありません。例えばベンダが契約書案をユーザに送って、ざっくり幾らかかりますという提案書や見積書を提出し、「宜しくお願いします」ということでベンダは作業を開始します。その後、2ヶ月ほど経って、ベンダから「もう少し費用がかかる」と言った途端に、ユーザは、「話が違う。もう作業はやらなくて結構です」という話になってしまったのですが、契約書は存在していません。ユーザから一方的な解約がなされたので、ユーザから損害賠償請求をします、という事案です。果たして契約は成立していたのでしょうか。ユーザは、ベンダ側の活動は単なる営業活動に過ぎず、契約は成立していなかっ

たと主張します。この類いの裁判例は、かなりあります。

　非常にざっくり言いますと、契約書が存在しないところで、契約の成立は認めにくいのかなという印象があります。もちろん民法の原則から言えば、契約書という紙がなくても契約は成立するわけですが、システム開発の領域では裁判所は契約の成立に慎重な態度を取っているように思います。このケースでも作業を始めてから2ヶ月ほど経過したのですが、裁判所は契約の成立を否定しました。

　このケースでも、当事者がキックオフミーティングをしたり、要件定義の作業が進んでいたり、議事録に当事者の捺印もあったのですが、裁判所は契約の成立を認めていません。裁判所は、実際の工程に着手していたことは理解できるが、これを有償であることを明確に説明していたことはなく、という認定をしています。ベンダからすると、「ありえない」認定ということになるかもしれませんが似たような判断をした例もいくつかあります。

❖ …… 契約締結上の過失

　こうなると、ベンダ側としては、契約締結上の過失を主張して損害賠償請求ということになります。契約の成立を否定しても信義則によってユーザ側は責任を負うという主張ですね。本件で裁判所は、これも否定しました。

　もともとそこには依頼しないつもりだったのに、依頼するそぶりを見せてどんどん作業をさせたというような信義則に反するようなケースでは、契約締結上の過失が認められ得るのですが、「うちは取締役会の承認を経ないと正式にGOは出せないし、取締役会は来月まで開かれないから」ときちんとベンダにユーザが表明していて、結局のところ取締役会の承認が得られなかったというケースでは、

契約締結上の過失ということも言えないだろうな、と思います。

❖ …… ベンダは作業を進めてしまうという現実

　こうした事例を踏まえて、ベンダに対して「契約書がないのに作業してはいけませんよ」と言うのは簡単なのですが、ユーザの取締役会が開かれるのは来月だからといって、実際のベンダの現場は1ヶ月も技術者を確保して待機していることなどできませんし、ユーザが納期を1ヶ月伸ばしてくれるわけでもないのだから、ベンダとしては見切りで人も抱えてしまったことだし作業を進めるということがよく行われています。この種の契約というものは、工程ごとに区切って行ったりするものなので、ひとつ目の契約が終わってふたつ目の契約のGoサインが出ないからと言って、人を遊ばせておくわけにはいかないので、現実には先行して作業を進めるということがよくあることです。契約が成立しないというリスクに対しては実務上、いくつかの対策はありますが、今回は時間もないので割愛します。

2　契約の性質

　契約が請負か準委任かという区別があることは、ベンダ側の人たちもよく知っていて、準委任原理主義みたいな方も多くいたりしますが、誤解も多く見受けられます。たとえば、準委任なので、成果物の納品義務はないとか、瑕疵担保責任は生じませんと言ったりします。このことだけを見れば正しいことを言っているようにも思えますが、制作期間が伸びると自動的に追加報酬が発生しますとか、準委任契約に過剰な夢を抱いているというのか、いわば「ベンダ通説」といえるような考え方を持っていることが多いのです。

そもそもシステム開発契約を必ず準委任か請負かに分けなくてはならないわけではないですし、裁判所は準委任だからアウトプットがどれだけ杜撰でも品質に関する責任を負わないなどと考えていません。その意味で、ユーザにも、このような「ベンダ通説」を鵜呑みにしてはいけませんよ、ということを常々申し上げています。つまり、瑕疵担保責任という言葉が出ようと出まいと、アウトプットに品質の問題がある以上、その責任をベンダが負うし、履行が終わっていないと評価される場合もあります。期間が伸びたら報酬が発生するという主張に対しても、そのような内容の契約になっているのならば格別、システム開発契約は雇用契約とは違うのですから、当然に報酬が発生するわけではありません。

　今回の債権法改正で明確な条文が作られましたが、準委任契約で何か成果物を引き渡すことを契約内容にするのも当然許されます。なので、ユーザ側で契約書をチェックするときに、準委任だから納品義務はないなどと言われたら、ベンダの考え方は間違っていることを考えましょう。

図表5　システム開発に関する契約論

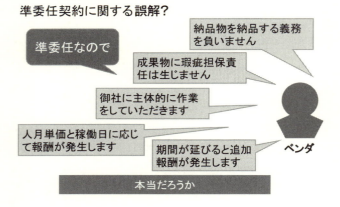

とを指摘しなければならない場合も多いと思います。

　実際問題として、ベンダの意識として、準委任契約で検収をしてしまえば、受け取った報酬を絶対に返す必要がないと信じ切っているところが多いのですが、あとで紹介するスルガIBM事件も、たくさんの契約が少しずつ締結されて積み上がっていったものが、準委任で受任者の行為はすべて終わっているからという判断はせずに、損害賠償という形で報酬を返せという判断を裁判所はしますし、実際に私が担当した事件なのですが、結果が悪かったら受け取った利益はある程度は戻しなさい、という裁判所の判断が出ることは十分に考えられるわけです。

　請求する側であれば、契約類型にこだわる必要はなく、請求される側であれば契約類型に安心してはいけない、という風に私はクライアントに言っています。この請負か準委任かという区別を重視する裁判官と、実態から考えるべきでしょう、という裁判官のどちらもいるでしょう。しかし、区別を重視する裁判官にも実態をきちんと説明する必要があります。

3　多段階契約

❖ …… 多段階契約とは

　多段階契約というのは、工程ごとに契約を区切って行う契約形式を言います。

　まず、要件定義の段階では何を作るのかまだ分からないので、ベンダとしては全体の見積りの金額を確定することはできないんです。ですから、要件定義というものを3ヶ月程度やってみて、それで5,000万円とします、として、残りは概算で3億円で作れます、としたり、あるいは、この段階では総額がいくらかかるかまだ分から

図表6 多段階契約の是非

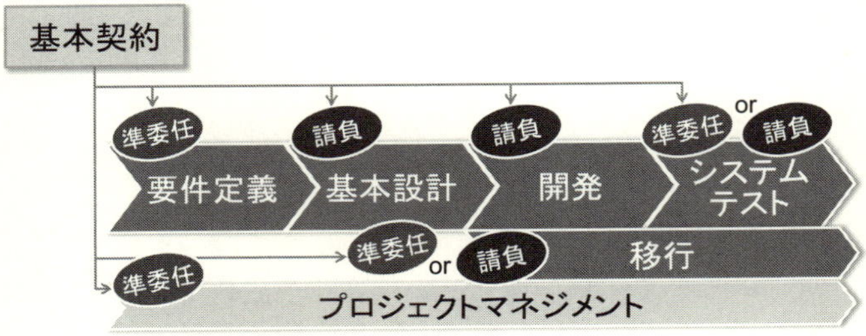

基本契約

準委任 → 要件定義
請負 → 基本設計
請負 → 開発
準委任 or 請負 → システムテスト
準委任 or 請負 → 移行
準委任 → プロジェクトマネジメント

ないので設計まで進めましょう、ということもあります。

❖ ……ベンダ側のメリット

この多段階契約のベンダ側が考えるメリットとしては、この段階まで終わったのでお金をください、次の段階が終わったのでお金をください。次の工程で開発が行き詰まっても、その前の工程についてのお金は返しません、ということにあるでしょう。逆に、ユーザ側からすると、この多段階契約は評判が悪いということになります。

この多段階契約というのは経済産業省がモデル契約で採用されているもので、ベンダはユーザに対して「経産省のモデル契約もこういうふうになっておりますので」という言い方をしがちです。

❖ ……ユーザ側かあら相談を受けた時

私は、多段階契約が、一律にベンダ有利、ユーザ不利とまでは思いません。

ユーザから相談を受けるときに重要なのは、多段階契約であっても、どこまで契約を分けるのか、多段階であることがユーザにどのようなメリットがあるのかを検討することです。多段階にすること

の意味は、①契約はそれぞれ別なので、後ろの契約でうまくいかなくても、遡及的に契約は解消されないこと、②後工程の契約金額や納期(稼働時期)は、後工程の契約が締結されるまで確定しないことなどにあるでしょう。プロジェクトのスタート前、ベンダ側は、提案書に総額を記載しています。けれどそれは概算なのであって、要件定義の段階ではその総額など契約書のどこにも記載されていないわけです。

　一番最初の提案書の時点で10億円という記載があるものの蓋を開けてみたら違っていたという事例でも、提案書の記載に法的拘束力がないということについては、裁判所にも理解してもらえると思います。けれど、その金額の範囲に納めるような責任がベンダにあるのかないのかということについては、論点になりうると思います。

　ただ、一方で一括で注文する場合と違って、個別の契約で区切って多段階で開発を進めていくと、途中でこのベンダでは開発は実現しないなとユーザが思ったとき、ベンダを途中で切り替えることがやりやすいといえます。

　もっとも、ベンダも、開発契約を段階的に機械的に区切っていく傾向もありますが、きちんとメリットデメリットを考えながら、契約単位を決めていきましょう、と私はアドバイスしています。

4　仕事の完成と瑕疵

(1)　完成の基準

　請負契約は仕事が完成しなければ報酬請求権は発生しませんし、完成していれば報酬支払義務が発生します。納期までに完成していないのであれば債務不履行ということになります。ただしシステム開発契約の特徴は、完成しなかったのは必ずしもベンダが一方的に

悪いというのではなくて、ユーザのせいで完成しなかったということもよくあるので、場合によってはユーザが損害賠償責任を負うということもありえます。

では、その「仕事の完成」をどのように判断するのでしょうか。この点については多くの裁判例があります。

> **仕事の完成（東京地裁平成14年4月22日判決）判タ1127号161頁**
> 請負人が仕事を完成させたか否かについては、仕事が当初の請負契約で予定していた最後の工程まで終えているか否かを基準として判断すべきであり、注文者は、請負人が仕事の最後の工程まで終え目的物を引き渡したときには、単に、仕事の目的物に瑕疵があるというだけの理由で請負代金の支払を拒むことはできない

これは建築請負で言われる完成の概念枠組みをシステム開発に持ってきた規範なのですが、「この最後の工程は終わっています。それを示す事実はこの報告書です。」ということがあれば、一応の

図表7　基本的判断枠組み

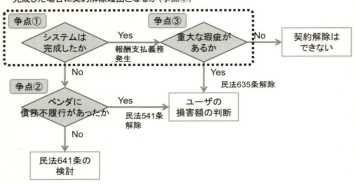

完成の主張立証と言えるのではないかと思います。

　プログラムにバグが含まれていても、本番稼働させていればほぼ「完成」とされるので、ご注意ください。

東京地裁平成22年1月22日判決（平成18年（ワ）第6445号）
◎事案◎
・事務システムの元請と、下請との間の紛争で、システム稼働後も種々のトラブルがあった
・下請は報酬残額と契約外に行った作業の報酬を請求（約6.5億円）したのに対し、元請がシステムの瑕疵などを理由に23億円の損害賠償を請求
◎判断◎
・新システムのプログラムを開発し、本番稼働を開始するまでの作業が最終の工程
・本番稼働後の作業は本番稼働前の仕事の成果物の不備を補修する別個の債務
・ユーザにおいて本番稼動を開始していることから、仕事の完成が認められるとして、完成を認定（ただし瑕疵の論点あり）

❖ ……システムの完成判断

　このように争いになるのは、契約で完成の概念を決めていないから問題になるので、合意によって、完成したかとか、引渡しをしたとかを決めておくことが重要です。

第○条
1．乙は甲に対し、○月○日までに、別紙1記載の納入物を納品書とともに納入する。
2．甲は、納入があった場合、検査仕様書に基づいて次条に定める検査を行う。
3．乙は、納入物の納入に際し、甲に対して必要な協力を要請できるものとする。

上の例は、よくある契約書ですが、ここで、現場の方に「検査仕様書」というのは、どういうものですかと質問をすると、「よくわからない」と答えられたりします。つまり、契約書の内容を現場が理解していないのです。どこかから貰ってきた契約書をそのまま使っているだけということが多いです。「検査仕様書」とは何かについて、誰が作るものか、いつまでに作るものか、検査仕様書の確定プロセス、契約上の「検査」「検収」と、実務上の、「運用テスト」「UAT」と呼ばれるテストとの違いなどについて争うことがあります。

(2) **検収**

　検収という言葉が法律用語ではないことは皆さんご存知だと思いますが、システム開発の実務では、検収という言葉を重んじています。裁判例によっては、検収をして代金を支払っているのだから、債務不履行があったとはいえない、と明示的に述べているものもありますから、ベンダ側の相談を受けるときに、「とにかく検収書を貰ってきてください」と言うのもあながち間違ったアドバイスではないと思います。

　また、契約書に「10日以内に何も言わなかったら、合格したものとみなす」という検収の規定がよくありますが、これを実際に適用する例もあります。

みなし合格規定が適用された例（東京地裁平成24年2月29日判決平成21年（ワ）第18610号）

　本件契約においては、Y会社は、本件システムの納品後、遅滞なく検査し、10日以内に検収を行って書面で通知すること、上記期日までに通知がされない場合は検収合格したものとされることが定められており、本件において検査に適合しない箇所の通知があったものとは認められないから、納品及び検収の事実を認定することができる。

---

(3) システムにおける「瑕疵」とは何か

完成はしているが、不具合があるというときに、次に問題となるのは瑕疵です（ただし、ここは債権法改正による影響を大きく受けるところです。）。

「バグ」があるから直ちに「瑕疵」があると裁判所は考えていません。

> **東京地裁平成9年2月18日判決（判タ964号172頁）**
>
> いわゆるオーダーメイドのコンピューターソフトのプログラムで（略）プログラムにバグが生じることは避けられず、その中には、通常の開発体制におけるチェックでは補修しきれず、検収後システムを本稼働させる中で初めて発現するバグもあり得るのである。
>
> （略）顧客としては、（略）構築しようとするシステムの規模及び内容によっては、一定のバグの混入も承知してかからなければならないものといえる。プログラムにいわゆるバグがあることが発見された場合においても、プログラム納入者が不具合発生の指摘を受けた後、遅滞なく補修を終え、又はユーザーとの協議の上相当と認める代替措置を講じたときは、右バグの存在をもってプログラムの欠陥（瑕疵）と評価することはできないものというべきである。

この裁判例を前提にすると、「遅滞なく補修できない」かつ「代替措置が講じられない」ものが「瑕疵」にあたることになります。民法ですと、その上で「契約の目的が達成できない場合に」解除できるのですから（民法635条）、不具合があることを理由に解除が認められるケースは非常に少ないわけです。

❖ …… 契約を解除できる「瑕疵」

◎解除が認められた例

東京地裁平成14年4月22日判決
　在庫照会の検索処理に30分以上の時間を要する。
　システム内容を変更した後の朝は、起動に数十分の時間を要する。

東京地裁平成16年12月22日判決
　300件の在庫引当に44分以上の時間を要する。
　一括在庫引当中には、他の商品マスタを使用する処理ができない。

◎解除が認められなかった例

東京地裁平成22年1月22日判決
　証明書類の発行不具合
　学生個人情報の漏えい

東京地裁八王子支部平成15年11月5日判決
　商品コードの桁が多く、使い勝手が悪い。
　伝票が一画面で確認できない。
　数値入力が煩雑。

5　プロジェクトマネジメント義務

　次に、プロジェクトマネジメント義務についてご説明します。プロジェクトマネジメント義務は、判例によって形成されつつあるベンダが負うべき義務のことで、スルガ銀行対日本IBM事件で脚光を浴びました。この種の事件を扱うとどちらかの代理人は必ずと言ってよいほど、この主張をします。

　東京地裁平成16年3月10日判決（判タ1211号129頁）がその先鞭をつけた判例ですが、これを要約すると、次のようになります。

> 1　ベンダは、専門業者として、自ら有する高度な専門的知識と経験に基づき、システムを完成させるべき債務を負っている。
> 2　ベンダは、期限までに完成させるよう、常に進捗状況を管理し、開発作業を阻害する要因の発見に努め、これに適切に対処すべき義務を負う（これを「プロジェクトマネージメント義務」という。）。
> 3　ベンダは、専門的知識を有しないユーザに阻害する行為がされることのないよう働きかける義務を負う。

(1) ベンダの専門家としての責任

　ベンダにとってお客様というのは、自分たちの作業を邪魔しに来る存在になることがあります。なぜ邪魔をするかといえば、開発作業をしていると、「やっぱりここはこうしないでああして欲しい」とか、出来上がったものを見せると、「ここはそうではなくてこういう操作ができるようにして欲しい」などと言ってくることがたくさんあって、その結果、ユーザからすると完成していないということになります。ベンダからすると、ユーザはきちんと決定することもせず、それでいて常にわがままを言ってくるということになります。裁判所は、ベンダは、このようなユーザの要求にも適切に対処すべきだ、と考えています。つまりユーザがあれこれとベンダに言ってくるのは当然なのだから、ベンダはそれをきちんとマネージしなさい、ということなのです。

　ですから、「お客さんがわがままでシステムの完成が遅れた」というのは単なる言い訳に過ぎないと評価されかねません。なぜなら、ユーザは素人であるのに対して、ベンダは専門家（専門業者）だから、です。

　では、どのような場合にこのプロジェクト・マネジメントが問題となるかといえば、未完成のまま頓挫した場合です。

図表●　プロジェクト・マネジメントが問題となるケース

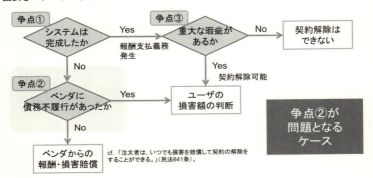

　プロジェクトマネージメント義務に問題がなく、完成しなかったのがユーザの帰責性に基づくとなれば、民法536条2項の危険負担の適用によって、ベンダは反対給付すなわち報酬を受けることができることになります。また、ユーザが契約を解除したときは、民法641条に基づいてベンダから損害賠償請求をすることもあるでしょう。

(2) ユーザ側の協力義務

　さきほどの東京地裁平成16年判決も指摘していることですが、オーダーメイドの開発にあっては、ベンダだけでシステムを作ることはできません。たとえば、ユーザの業務について、基本パターンのほかにどのような例外があるかを知っているのはユーザです。自分たちのニーズを内部できちんと取りまとめてそれをベンダに伝えることが必要です。その意味で、ユーザは、ベンダから必要な協力を求められた場合には、これに応じて必要な協力を行うべき義務を負っているといえます。

　ユーザが協力義務に違反した場合、ベンダから損害賠償請求をさ

第4講　システム開発紛争の取扱い

れるケースもあります。
(3)　裁判例〜スルガ銀行対日本IBMの事件
　この事件では、プロジェクト・マネージメントの内容を次のようにとらえています。

> 　IBMは、前記各契約に基づき、本件システム開発を担うベンダとして、スルガに対し、本件システム開発過程において、適宜得られた情報を集約・分析して、ベンダとして通常求められる専門的知見を用いてシステム構築を進め、ユーザーであるスルガに必要な説明を行い、その了解を得ながら、適宜必要とされる修正、調整等を行いつつ、本件システム完成に向けた作業を行うこと（プロジェクト・マネジメント）を適切に行うべき義務を負うものというべきである。
> 　また、前記義務の具体的な内容は、契約文言等から一義的に定まるものではなく、システム開発の遂行過程における状況に応じて変化しつつ定まるものといえる。すなわち、システム開発は必ずしも当初の想定どおり進むとは限らず、当初の想定とは異なる要因が生じる等の状況の変化が明らかとなり、想定していた開発費用、開発スコープ、開発期間等について相当程度の修正を要すること、更にはその修正内容がユーザーの開発目的等に照らして許容限度を超える事態が生じることもあるから、ベンダとしては、そのような局面に応じて、ユーザーのシステム開発に伴うメリット、リスク等を考慮し、適時適切に、開発状況の分析、開発計画の変更の要否とその内容、更には開発計画の中止の要否とその影響等についても説明することが求められ、そのような説明義務を負うものというべきである。

❖……　プロジェクトマネジメント義務の内容は契約文言で決まるわけではない
　普通は、契約の当事者は、どういう局面でどういう義務を負うのかということを、契約書を出発点に理解して、ここではこうすべきだ、これをしてはいけないという風に行動します。しかし、このプロジェクトマネジメントの問題は多くの契約書には書かれていませ

ん。紛争が起きたあとからこの義務が出てきます。請求する側の原告代理人であれば、いかにも履行したことの主張立証ができないようなことを義務として定めて、「ほら（ベンダは）やっていないだろう？」という主張をして被告を責めます。この義務は「契約文言等から一義的に定まるものでなく」と述べているところがポイントです。

> IBMは、遅くとも本件最終合意を締結する段階において、本件システム開発が前記のような局面に至っていることを認識していたことは明らかであるといえる。IBMは、業界屈指のベンダとして、システム開発に関する知識・経験が豊富であるから、それらに基づき前記の点を十分に認識し得たといえる（略）
> スルガに対し、ベンダとしての知識・経験、本件システムに関する状況の分析等に基づき、開発費用、開発スコープ及び開発期間のいずれか、あるいはその全部を抜本的に見直す必要があることについて説明し、適切な見直しを行わなければ、本件システム開発を進めることができないこと、その結果、従来の投入費用、更には今後の費用が無駄になることがあることを具体的に説明し、ユーザーであるスルガの適切な判断を促す義務があったというべきである。また、本件最終合意は、前記のような局面において締結されたものであるから、IBMは、ベンダとして、この段階以降の本件システム開発の推進を図り、開発進行上の危機を回避するための適時適切な説明と提言をし、仮に回避し得ない場合には本件システム開発の中止をも提言する義務があった

この判決文にもあるとおり、ベンダは「ベンダとしての知識・経験、本件システムに関する状況の分析等に基づき、開発費用、開発スコープ及び開発期間のいずれか、あるいはその全部を抜本的に見直す必要があることについて説明」する義務を負い、「開発進行上の危機を回避するための適時適切な説明と提言をし、仮に回避し得

ない場合には本件システム開発の中止をも提言する義務」があった、と言っています。普通、ベンダがユーザに開発の中止まで提言するなどということはできないでしょう。ところが裁判所は、中止の提言をしないと義務違反になると言ったことからシステム開発業界にかなり衝撃が走りました。

しかし、詳細は割愛しますが「この中止をも提言する義務」というのは、この事案固有の話であって、システム開発一般に妥当するものではないと考えます。

(4) その他の裁判例

❖ ……東京地裁平成22年7月22日判決（平成20年（ワ）第16510号）

スケジュールが遅れる、追加の費用がかかるということはシステム開発の世界ではしょっちゅうあります。その中でも東京地裁平成22年7月22日判決の事件は、かなり特殊でした。3年近くもの間要件定義が確定せず、追加の費用支払要求が拒絶された上、システムも完成せず、ベンダ側がそれまでに受け取ったお金を全額返金して契約の解除を申し出たところ、ユーザから責任を追及されたというケースです。

この事案では、裁判所は、ソフトウェアの開発には、注文者側の技術担当者と請負人側の技術担当者との間に密接な協力関係があることが必要不可欠であるとし、注文者側がどのような内容のソフトウェアの開発を望んでいるかを提示又は説明する責任は注文者側にある、と明快に述べています。つまり、ソフトウェアの内容が決まらないのは、必ずしもベンダの責任だけではないことを示しています。

図表8　事案の概要

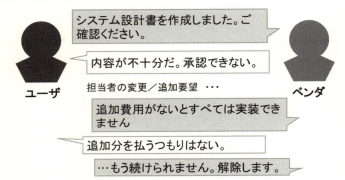

> ソフトウェアの開発は、注文者側と請負人側との間で開発すべきソフトウェアの性能、仕様、形態等に関する具体的なイメージを共有するため、注文者側の技術担当者と請負人側の技術担当者との間に密接な協力関係があることが必要不可欠である。
> 特に、開発の出発点である要件定義を確定する工程については、(略)、注文者側の意向によってその内容が決せられることになるのであるから、注文者側がどのような内容のソフトウェアの開発を望んでいるかを提示又は説明する責任は、(略) 注文者側にあるというべきである。

　この事件ではユーザの請求は棄却されベンダが勝利しました。しかし、そもそも仕様書の承認は繰り返し拒絶され、ユーザからの追加要望が止まらなかったばかりか、ベンダの機能削減要望には「不要な機能などない」などとユーザは主張し、ベンダからの増額の要求にも「どんなに金がかかろうが契約の範囲内なのでこのまま」などと答えたユーザに対して、ベンダ側は契約締結から解除まで3年以上が経過して、受領済みの金額はすべて返金した上で、契約を解除したのにもかかわらず、ユーザが損害賠償請求をしたというケー

第4講　システム開発紛争の取扱い

スでした。
　いくらベンダが勝訴しても、むなしい戦いだったと言えます。

　私はベンダの担当者にはこの事件を引いて、場合によってはその開発からは撤退するとか、ユーザにはきちんと状況を説明する、あるいは強い態度を取りましょう、とアドバイスしたこともあります。

❖ ……　東京地裁平成28年4月28日判決の事件に見るプロジェクトマネジメント
　このケースは、前にも紹介しましたが、上流工程について、検収を得て支払いを受けていたものの、適切にプロジェクトを運営すべき義務を果たしていないとされたものです。
　この判決では、プロジェクトマネジメント義務の内容を次のように把握しています。

> パッケージソフトを使用したERPシステム構築プロジェクトを遂行しそれを成功させる過程においてあり得る隘路やその突破方法に関する情報及びノウハウを有すべき者として、常に本件プロジェクト全体の進捗状況を把握し、開発作業を阻害する要因の発見に努め、これに適切に対処すべき義務を負うものと解すべき

　この裁判でも、スルガ銀行と日本IBMの事件の判決を下敷きにして主張立証をして、裁判所がその一部を採用したものだと言えます。これをいろいろな裁判で繰り返していくうちに、プロジェクト・マネジメントに関するルールが形成されつつあるのではないでしょうか。裁判所は、専門家としてのベンダのプロジェクト・マネジメント義務を次のように提示しています。

> システム開発は開発業者と注文者とが協働して打合せを重ね注文者の意向を踏まえながら進めるべきものであるから、ベンダは、注文者であるユーザの本件システム開発へのかかわりなどについても、適切に配意し、パッケージソフトを使用したERPシステム構築プロジェクトについては初めての経験であって専門的知識を有しないユーザにおいて開発作業を阻害する要因が発生していることが窺われる場合には、そのような事態が本格化しないように予防し、本格化してしまった場合にはその対応策を積極的に提示する義務を負っていた。

この「開発作業を阻害する要因が発生していることが窺われる場合には、そのような事態が本格化しないように予防し、本格化してしまった場合にはその対応策を積極的に提示する義務」というのは、ドイツ製のパッケージソフトであるSAPを使っていたのですが、日本の会社に導入するにはいくつか注意すべきところがありました。組織設計やコード設計を日本の仕組みに当てはめるにはノウハウが必要ですが、それをきちんとお客さんと合意しないまま、どんどん開発を進めてしまって、あとで問題が発覚してしまった、というわけです。

ベンダは初期の頃から、「ここは注意してください」とユーザに注意喚起していたと思われますが、ユーザはどう注意すべきなのかよくわからないので、きちんと対処できずもはや後戻りできない状況に至ったと考えられます。

この判決をベンダ側に立って読む限り、「大変厳しい」という感覚になりますが、実際の賠償額については、過失相殺的なユーザは自分の判断でプロジェクトを中止する決断に至ったことから、ベンダの義務違反と相当因果関係ある損害としては、請求する賠償額の3割をもって相当だと判断されました。実際には3割という負担で

も重いわけですが、なによりもベンダの責任が認められているわけで、注目される判決です。

> フルオーダーメイドでソフトウェアを製作するのであれば、自社の業務フローを変えずにソフトウェアを業務フローに合わせることも可能であるところ、ユーザは、これを認識しつつも、敢えて現行業務の標準化を推し進める契機とするために、既存ソフトウェアであるSAPソフトウェアを導入してユーザの既存業務フローを変える選択をしたのである。
>
> しかし、ユーザは、IMPフェーズに至って内部の現場からの業務改革に対する強い反発を受けこれを抑えることができなくなったために、本件システムにつき仕様変更による対応へと方針転換を行い、多数の仕様変更とそれに伴うプロジェクトの遅延が起こり、結局、本件プロジェクトを中止するという決断に至った。
>
> ユーザは、自らの判断で中止に至ったといえるから、ベンダの義務違反と相当因果関係ある損害としては、請求する賠償額の3割をもって相当と認める。

(5) プロジェクトマネジメント責任の残された論点

「プロジェクトマネジメント」責任は、契約書に明記されていなくても発生します。予測可能性が低いです。では、その範囲を、契約書を作るときに特定・限定したら、どうでしょうか。

実際の開発プロジェクトでは、システムAはベンダA、システムBはベンダBという体制で開発を進めることがありますが、両者の歩調が合わずに完成しなかった場合、どちらのベンダあるいはユーザが責任を負うのでしょう。

プロジェクトマネジメントだけをコンサルティング会社に委託することがあります。そういう人たちは、プロジェクトが失敗したときにどういう責任を負うのでしょうか。ユーザは、ベンダとは別に契約をします。まだ訴訟上の論点にはなっていないのですが、今後、

問題になりうるだろうなと思っています。

6　仕様変更に伴う追加業務と追加報酬請求権

よくありがちな論点として、仕様変更による追加の業務と報酬の請求の問題があります。

開発をしている途中で、ユーザが、ベンダから提示された仕様について、「これは違います。そうではなくてこういう風に変えてください。」ということを伝えた結果、ベンダの作業が増えて、追加の報酬を請求したい、ということがよく起きています。

この追加請求は、どのような法的根拠に基づいて行うことになるのでしょうか。

もちろん仕様が変わったことについて契約書があれば問題にはなりませんが、そういうものがないことを前提に考えますと、「黙示の合意があった」とか、商法512条に基づく相当の報酬請求権があるとか、いろいろ難しいところではあります。しかも、基本契約書が作られている場合には、「個別契約は書面によってのみ成立する」という条項があることが多いので、追加の合意を主張する場合、この条項と真っ向から抵触する主張をしなければなりません。

裁判所は追加報酬の合意を否定するケースが多いです。私は、仕様追加に伴なう増額請求を相談されたときは、「訴訟になったら、あまり期待できませんよ」、という言い方をしています。

> **★東京地裁平成23年6月3日判決（平成21年（ワ）第41312号）**
> 本件契約は、（略）710万円で成立していること、（略）Xが支払を求めた増額代金額2662万4294円は、本件契約の請負代金710万円の3倍を超える額であったこと、Xは、増額請求の内容として、追加業務ではなく、本件見積

> 書の範囲内の業務に対する費用についても1378万4801円への増額を求めていたことからすれば、Yが、Xから本件資料の送付を受けただけで、増額幅の圧縮等の交渉もすることなく、Xが要望する大幅な増額に応じたというのは、経緯として不自然すぎる。(略)YがA社と交渉したことを窺わせる証拠はなく、また、そのような短期間の交渉でA社が大幅な増額を認めるとも考え難い。

なお、裁判例の傾向をみていると工数・機能増加分の請求については、次のような場合に追加請求が認められやすいです。

① **もともとの受託範囲が明確であること**

追加分とそうでない部分が明瞭に区別されないと追加請求の前提を欠く、ということになります。

② **もともとの金額算定の根拠が明確であること**

明確に追加分が判明したとしても、それらがいくらなのかということが主張立証できないと請求が認められにくいです。ユーザ側の度々の追加の請求によって、ベンダ側の対応が「大変だった」というだけでは金額算定ができないので、追加請求はできません。

③ **ユーザ側にも追加・変更の認識があること**

単に、現場同士で、気楽に「これやっといて。頼むわ。わかりました」というのではなくて、ユーザ側もベンダ側も有償作業であることの認識・認容が求められます。しかし、「認識・認容」の立証は困難です。そこで、契約書の条項として、変更フロー・手続を定め、それを実行していれば、認識していたと言えると思います。

❖ …… 工数・機能増加分の請求のポイント

◎ **契約段階**
・「仕様変更・報酬変更」に関する契約書のルールを現場で確認

しておく
- 開発開始時点の仕様・報酬算定根拠を明確化しておく

◎ **プロジェクト実施中**
- ルール化した手続に乗らないまま現場レベルで作業を進めない
- 要望を「抑える」こともプロジェクトマネジメントの一環であることに留意する

4　紛争防止のための文書・言動

1　プロジェクト開始前

(1) 提案書・RFP

この種の事案では、ほとんどの場合、契約書以外に「提案書」というものがあります。

さらに提案書の前段階のドキュメントとして、この業界には「RFP（Request For Proposal／提案依頼書）」というものがあります。RFPというのは、入札をするときに発注者側が入札の条件や委託業務の内容を示すのと似たものだとお考えください。ユーザが発注するシステムがどういうものであるべきかの条件等をRFPで提示し、ベンダが提案書を提出するという流れです。

ベンダは仕事が欲しいので、提案書には美味しいことをたくさん書くわけです。けれど、契約書には必ずしも反映されません。ユーザとの間でトラブルになったとき、ユーザは、「提案書にはこう書いてあったから信頼して契約をしたのに、提案書に書かれていることをベンダは実行していない」と主張します。そこで、提案書の法

的拘束力が問題になります。

 さきほども出てきた東京地裁平成16年3月10日判決は、この提案書について言及しています。

> **★東京地裁平成16年3月10日判決**
> 契約締結に先立ち、本件電算システム提案書を提出し、その内容に基づくシステム開発を提案し、これを了承したユーザと本件電算システム開発契約を締結したものであるから、本件電算システム提案書は、契約書と一体をなすものと認められる。

 この判決文には、「提案書は、契約書と一体をなす」とあって、提案書に書かれたことをベンダが実行しなければ債務不履行になると言わんばかりです。しかし、それはケース・バイ・ケースです。「我が社にはエンジニアが50人います」とか、「同種の事例でこのような開発をしました」などと提案書に書いたからといって、契約の申込みにはあたらないと考えられますし、拘束力は生じていないでしょう。提案書の内容が具体的ではなく、契約の申込にあたらないとした事例もありますから、この東京地裁平成16年判決は一般論として、提案書と契約書は一体をなし、提案書に書かれたことが法的拘束力を有することになる、と言ったわけではありません。

 訴訟では、提案書について、ユーザであれば、提案書記載のシステム導入を求めたのであるから、契約上の義務になると主張することが一般的ですし、他方、ベンダは、開発スコープ・役割の拡大に伴う追加報酬請求の根拠とすることが多いです。

(2) 提案書の概算見積

 今日の初めのほうでも指摘しましたが、当初の概算見積金額が3億円だったけれども開発の過程で、その金額を大幅に超えてしまった。ユーザは、この提案書に書かれた概算見積3億円ということで

取締役会の承認を得ている。ユーザとしては、3億円だと言ったから契約を許可したのに、いったいどうなっているんだ、ということになります。ベンダとしては、そちらの担当者の要望に基づいて具体的に見積った結果です、と答えます。提案書に「概算見積」と書かれているだけでは、それに何らかの法的拘束力を生じさせるのは難しいでしょう。

(3) **基本合意書**

こうした認識の相違を埋めるために実務では、システム開発プロジェクト全体について基本的事項を定めた基本合意書を作るケースが増えています。基本合意書に書く内容に決まりや定跡はありませんが、例えば次のようなものが考えられます。

★**基本合意書（案）**

1　ユーザは、ベンダによる別紙提案書の内容を評価した結果、ベンダを次世代基幹系システム（本件システム）の開発を委託する主たる業者に指名する。
2　本件システムの範囲は・・とする。
3　本件システムの開発費総額は、○億円とする。
　ベンダは、これを変更する必要があると認めるときは、合理的な説明をしなければならない。
4　本件システムの稼働時期は、○年○月とする。
　ベンダは、これに延期する必要があると認めるときは、合理的な説明をしなければならない。

提案書の概算見積金額が3億円ということになったのであれば書面化しておきましょう、というと普通、ベンダには抵抗があることでしょう。そこで、法的拘束力を有しないなどのように言葉を濁したりするのですが、先の例では、「これを越えるときは合理的な説明をしなければならない」ということを書いて、説明義務を課して

います。金額とともに重要なのは稼働時期、納期です。個別契約を結んでいくとどの契約書にも最終的にシステムを稼働させる納期が書かれていないということがよくあります。その意味で、この基本合意書に稼働時期を書いておくことの意義があるわけです。

基本合意書には、提案書の内容が中心に盛り込まれますが、法的拘束力が生じるかどうかは、その時点におけるプロジェクトの成熟度に依存するでしょう。

実際にスルガ銀行事件では、基本合意書が作成されました。

★スルガ銀行vs日本IBM事件「基本合意書」より

ユーザの目標である「開発スコープ」（平成16年9月21日付け資料：「新経営システムご提案概要」）の実現を前提とした「新経営システム」構築に当たり、以下〈1〉〈2〉〈3〉の全てが実行されることを条件として、ベンダは95億円（ユーザ側要員費用含む）にて稼働を実現するよう確約する。

その後、基本合意書は2度の改訂を経て、最終合意書という表題の文書が取り交わされるに至りました。

★スルガvsIBM事件「最終合意書」より

第1条（新経営システム）両当事者（原告及び被告を指す。以下同じ。）は、両当事者が合意する作業範囲、価格、支払条件及びその他の契約条件を規定する次の個別将来契約が両当事者により締結されることを条件として、本件システムの構築を被告への支払総額89億7080万円（消費税別。現在締結されている次の現行契約に基づく代金（消費税別）を含む。）で被告が行うことに同意する。

当初の基本合意書の金額は95億円でしたが、この最終合意書では、「支払総額89億7080万円」の支払いに同意するというほどに具体化詳細化されました。それでもなお最終合意書には、法的拘束力を有しないという旨が記載されていて、原告はあたかもこの89億7080万円の一本の請負契約が存在することを前提とした主張をしていまし

たが、一審判決はそのことは認めていません。

> 本件最終合意書1条及び8条ただし書によれば、本件最終合意書に記載された原告の支払金額の法的拘束力については、原告と被告との間で本件プロジェクトの各局面における義務を定めた個別契約が締結されることを前提条件として生ずるものとされていると解すべきである。
> （注：個別契約の多くが未締結であることから）上記支払総額が法的拘束力を有するに至る程度に条件が充たされているとはいえないので、被告の債務不履行又は不法行為の成立をいう原告の上記主張は採用することができない。

　一審判決は、最終合意書で「支払総額の規定が設けられたのは両当事者が目標とする重要な指針を定める趣旨であることは疑いのないところ」であると述べており、最終的な結論に影響を与えたことに間違いはありません。

　とは言うものの、一審判決の次の部分は、何度読んでも釈然としないわけですが、最終合意書を作成したことは重視しますよ、ということは読み取れます。

> 本件最終合意書が交わされた平成17年9月30日の時点において、被告は、本件システム開発のコスト見積りの前提となる基礎数値を確定させて原告の支払金額を決めたものであることなどからすれば、上記支払総額の規定された本件最終合意書が交わされたとの事情が、被告の信義則上ないし不法行為上の義務違反の有無を考慮するに当たり意味を有し得るものであることを否定するものではない。

(4) 提案書段階でのリーガルチェック

　法務部は、契約書のリーガルチェックをするのは一般的ですが、契約書以前の提案の段階ですと、特にリーガルチェックはしていないケースが多いわけです。ただ、スルガ銀行事件の控訴審では、企画提案段階、つまり契約の前の段階でも、ベンダはプロジェクトマ

ネージメント義務を負う、ユーザがリスクを負うことをベンダが十分に説明する義務を負うことを判示しました。

> **スルガ銀行対IBM事件判決（控訴審）**
>
> 　企画・提案段階においては、プロジェクトの目標の設定、開発費用、開発スコープ及び開発期間の組立て・見込みなど、プロジェクト構想と実現可能性に関わる事項の大枠が定められ、また、それに従って、プロジェクトに伴うリスクも決定づけられるから、企画・提案段階においてベンダに求められるプロジェクトの立案・リスク分析は、システム開発を遂行していくために欠かせないものである。
> 　そうすると、ベンダとしては、企画・提案段階においても、自ら提案するシステムの機能、ユーザーのニーズに対する充足度、システムの開発手法、受注後の開発体制等を検討・検証し、そこから想定されるリスクについて、ユーザーに説明する義務があるというべきである。このようなベンダの検証、説明等に関する義務は、契約締結に向けた交渉過程における信義則に基づく不法行為法上の義務として位置づけられ、控訴人はベンダとしてかかる義務（この段階におけるプロジェクト・マネジメントに関する義務）を負うものといえる。

　もっとも、控訴審判決は、提案段階のプロジェクトマネージメント義務の内容は、プロジェクト推進中のプロジェクトマネージメント義務とは内容は異なるとも指摘しています。結果的にも、提案段階のプロジェクトマネージメント義務違反を否定しました。

> 　ベンダは、システム開発技術等に精通しているとしても、システム開発の対象となるユーザーの業務内容等に必ずしも精通しているものではない。企画・提案段階における事前検証を充実させることにより、システム開発構想の精度を高め、想定外の事態発生の防止を図り得ると考えられるが、受注が確定していない段階における事前検証等の方法、程度等は自ずと限られ、ユーザー側の担当者等から得られる情報や協力にも限界がある・・（略）ベ

> ンダとユーザーの間で、システム完成に向けた開発協力体制が構築される以前の企画・提案段階においては、システム開発技術等とシステム開発対象の業務内容等について、情報の非対称性、能力の非対称性が双方に在するものといえ、ベンダにシステム開発技術等に関する説明責任が存するとともに、ユーザーにもシステム開発の対象とされる業務の分析とベンダの説明を踏まえ、システム開発について自らリスク分析をすることが求められる・・(略)
> 企画・提案段階の計画どおりシステム開発が進行しないこと等をもって、直ちに企画・提案段階におけるベンダのプロジェクト・マネジメントに関する義務違反があったということはできない。

控訴審判決を前提とすると、ベンダはプロジェクトマネージメント義務をきちんと履行したことを立証できるようにしなければならなくなります。具体的には、提案書の中にユーザがリスクを負うことがある旨を書いておかなければならない、ということなどが考えられます。

もともと提案書というのは、発注を受けるために作るものなので、どうしてもユーザにいいことしか書かない傾向になりがちですが、リスクを説明しないと義務違反に問われかねません。ですから、ベンダに提案や説明をするときに、その内容についてリーガルチェックをしておくことが必要になるわけです。

2 謝罪・顛末報告の意義

システム開発紛争で重要な証拠のひとつに、トラブルが起きた際に提出される謝罪や顛末の報告書があります。これからいくつかの事例を紹介しますが、実に多くのケースでベンダは、「ごめんなさい」という書面を残していることがわかります。裁判所としても、技術的な面でこの開発の進め方が良かったのか悪かったのかは分からないけれど、ベ

ンダが自ら書面に不利益なことを書いて提出しているということは、プロが謝っているのだから誤りがあったのではないかという判断になりやすいということになります。

❖ …… 謝罪事例①東京地裁平成25年5月31日判決（平成22年（ワ）第4389号）～求めに応じて提出した顛末書（書き直し後）

・上記の理由により、Z様の1回目のユーザーレビューは単体試験レベルの不具合が頻発し、ユーザーの最終確認というレベルには達しませんでした。このため、本来の基本機能公開日である2008年9月29日に公開することはできませんでした。
・スケジュールは2週間延長され、基本機能公開日は2008年10月14日になりました。弊社としては全社を挙げて取り組むことを貴社と約束し、体制を強化しました。
・しかし、上記の体制強化は不十分であり、その後もスケジュールは遅延しました。管理者は状況を完全に把握せず、遅延を回復させるのに必要な措置をとりませんでした。結果として基本機能公開日間近になっても完全な品質に到達できませんでした。
・特に、Ver. 1からVer. 2への移行スクリプト作成のための工数とスキルを少なく見積もり過ぎたため、度重なるスケジュールの遅延を招きました。再延期後の基本機能公開日は2008年10月19日になりました。
・移行作業においては、管理者自らが作業に関わった結果、進捗の管理に支障をきたし、遅延が長引く原因となりました。結果として、移行スクリプトのコーディングや管理のほとんどを貴社に委託する形になりました。

ここまできっちりと謝罪と誤りを認めている以上、意思に反して書かせられたと裁判で主張しても、裁判所には、詐欺や強迫、不当な圧力によって作成させられたことを認めることはできないと判断されました。

> 本件顛末書1について、Dxに対し、記載内容が不十分であるなどとしてその修正を求めたことは認められるものの、(略) 前記のバグ(特に9月下旬頃までに発生したバグ)は、その数が極めて多いばかりでなく、単体バグといわれる初歩的なミスによるものであって、システム開発に伴い不可避的に発生するものとはいえないことに加え、証拠によれば、Xが当初に提出した顛末書の草稿においても、Xが非を認める内容のものであったことが認められることなどに照らすと、本件各顛末書が、Xの真意に反して作成させられたものであるということはできず、他に本件各顛末書が、Yによる詐欺や脅迫などの不当な圧力によりXの意思に反して作成されたことを認めるに足りる証拠もない。

このレベルの書面を作ってしまったら、ベンダからすると、もはや形勢を挽回することは困難です。

❖ ……謝罪事例②〜社長・専務による「謝罪」があったケース

スルガ銀行事件では社長や専務が謝っているという事実は契約上の責任を考える上では無視し難いという判断がなされます。

> **スルガ銀行対日本IBM事件控訴審判決**
> (ベンダ)のF専務やJ常務執行役員が、当初採用した開発手法が不適切であったなどとして謝罪し、K社長も、同旨の意向を明らかにするなどしたことが認められる。
> 前記発言や意向表明等は、当時の(ベンダ)の責任者によるものであり、当然のことながら契約上の責任等を考える上で無視しがたいものといえ、これら発言等に照らすと、(ベンダ)には、本件システム開発を開始するに先立ち、Corebankの機能や充足度の検証、開発手法の選択の検討等が不足し、許容しがたい誤りがあったのではないかとの疑いが生じ得るところである。

ところが、この社長や専務による「謝罪」の意味については、ベンダのやり方がまずかったことを客観的に分析したものではなく、内容が概括的であったことなどから、この発言から直ちに責任を認

めることはできない、としました。

> しかし、前記発言や意向表明等は、いずれも、本件システム開発を企画・提案段階の見込みどおり進めることができず、開発費用の負担、サービスインの時期等をめぐって調整困難な事態に陥ったため、事態を打開するための新たな提案をする交渉過程でされたものであることを考慮する必要がある。また、その発言等は、困難な事態に至った結果責任を概括的に認める内容のものであり、開発当初の要因によりそのような事態に至ったものかについて、具体的な事実、実証的な分析等に基づいたものとは認めがたい。
> 前記交渉過程における前記発言や意向表明等の発言、文言等を捉えて、本件システム開発当初選択した開発手法が、システム開発の在り方からすると許容しがたい不適当・・であったと認めることはできないというべきである。

　この裁判例からすると、たとえ社長の発言であっても、あるいは謝罪の書面が出てきたとしても、ビジネスの潤滑油としての謝罪程度であれば、直ちに債務不履行とは結びつかないのだろうなと思いました。

　訴訟になると、このような顛末書や謝罪文や議事録が出てくることは少なくありません。ベンダから相談を受けたときに、議事録を見て、「こんなことまで言ってしまったのですか？」と聞いたところ、「いや、これは違うんです。本当はこんなことは言っていないのに議事録に書かれました」と答えられたことがありました。そこで、よく聞いてみると、メールで「議事録を直してください」、「いや直せません」、「直してください」、「直せません」というやりとりが7つも8つも繋がったメールが出てきました。そのようなメールを証拠として出したこともあります。これによって、少なくとも、裁判所は議事録記載のとおりの事実を素直に認めることは難しくなるでしょう。なので、事実と違うことを安易に認めてしまうのは避けるべきですね。

5 訴訟手続き

1 訴訟は時間がかかるか？

この事例は平成9年の判決ですが、訴訟は平成4年に提起されて30回の口頭弁論が行われた事例です。裁判文に審理の経過について細かく書いてありました。

> **東京地裁平成9年2月18日判決**
> Xが指摘した本件システムの不具合は、多数個所に上るものであり（60か所以上）、これらについてXはプログラムの欠陥によって生じる現象であると主張し、Zらはこれを争っている。
> （略）現実に本件システムを用いた業務が行われていないことから、本件システムを稼働させた場合にどのような不具合が起こるかを裁判所が認定するには困難が伴い（略）、審理の見通しを立てることが困難であった。
> （略）平成4年8月20日に提起され、平成8年12月17日に口頭弁論が終結されるまでに、32回の口頭弁論期日が持たれたが（略）、最後の2回を除く30回の口頭弁論期日は、争点に関する議論及び争点の整理にあてられたことになる。
> 特に平成6年4月25日の第13回口頭弁論期日以降、裁判所において次回までの目標を定めた上で、裁判所外でXをZの代理人及び担当者が中心となって、本件システム稼働上の不具合の存否を当事者間で検証する作業が行われた。厳しく対立し、多岐にわたっていた争点の整理のために、X、Y、Zの三者が協働して裁判所外で右のような検証作業を行ったことは、争点整理の方法として極めて異例である。

そのあとを読んでください。異例の自画自賛の判決文です。

第 4 講　システム開発紛争の取扱い

> 　この争点整理の経過については、裁判所の助言のもととはいえ、主張において厳しく対立する当事者が協働して作業手順の協議をし、協働して問題点の検証作業を実施し、その結果、右のような争点整理の結果が生まれたものであり、争点整理において専門知識を必要とする事件に関する一つの先駆的試みといえよう。
> 　右当事者間の本件検証実験及び原因解明作業は実質二年余りにわたって行われ、特に、平成 6 年 7 月から 8 月までの二カ月にわたる作業は、裁判所が夏季休廷期間中であるにもかかわらず、X と Z の代理人及び担当者が中心となって、夏季の休みも返上して、連日、協議して行われたものであることを記しておきたい。
> （略）
> 　その結果としての前記作業に基づく解明度は、極めて高いものであったといえる。

　このような判示をすることこそ「極めて異例」だと思いますが、実際にこの種の訴訟では審理に手間がかかるのは事実です。

2　訴訟のむなしさ、つらさ

　もっと審理を早くできるだろうし、実際、進行も早まっているとは思うのですが、そうは言っても判決まで 7 年もかかる事件もあります。時間もお金もかかり、満足いく結果が出るとは限らないし、結果の予測可能性に乏しいです。裁判官、相手方代理人、相手方、依頼者の誰かに問題があるとこの種の事件は迷走してしまいます。

　そして、弁護士にとっては、時間も手間もかかることから依頼者にとってペイする案件というのは限られてきてしまいます。

　その意味で、「訴訟」は、システム開発トラブルの紛争解決システムとしては非効率だといえると思います。そうすると「訴訟」にしないようにすることが重要になります。ですから、私は、依頼者

が「訴えたい」とおっしゃっても慎重に考えるようお話しています。もちろん、訴えられた場合は仕方ないのですが、訴訟をするという依頼者には、訴訟のデメリットを強調します。依頼者との関係を考えるうえで、とても重要なポイントだと思っています。

3　訴訟になったとき〜調停委員（専門委員）

　システム開発に関する訴訟では、分厚い資料や記録が証拠として提出されます。東京地裁でも専門部も集中部もありませんから、だいたいの裁判官は抵抗があるせいか、調停に付しますか、と言ってくる場合が多いです。東京地裁の場合、22部でシステム開発紛争を多く扱うこともあって、調停委員（IT専門委員）も多くいます。調停の目的は和解に限らず、争点・証拠の整理を中心にすることも多いです。その結果、私の感覚ですが、調停部で7割くらいが和解によって終了しています。

　ただし、激しく争っている紛争の場合、調停に回った期間が全部無駄になってしまう場合もありますから、事案によってよしあしがありますが、技術的な争点がある場合には専門家が参画する調停の方が適しているといえます。

　ただ、この専門委員（調停委員）は、以前IT企業に勤めていてリタイアされた方もいて、システム開発に関する知識が古いということもありますし、自己の経験だけで判断されることもあるので、よしあしだと思います。殆どはベンダの出身者ですが、必ずしもベンダに肩入れするわけでもなく、「自分のときとは進め方が違う」とか「こんなこともしていなかったのか」とかベンダに厳しく言う方もおられます。

　付調停でない場合も裁判所は専門委員を入れますか？　と聞いて

くるのですが、すでに述べたように、多くの論点は、技術論というより、合意内容の問題なので、「いやいや、これは民法の問題です。裁判官の事実認定で十分です」などと言って、なるべく遠慮するようにしています。

4 検証は必要か

プログラムが正常に動作するかどうかが問題になっているのであれば、百聞は一見にしかずということで検証をすればよいのではないか、という考えもあります。けれど、システム開発においては、何十人場合によっては何百人という人がテストという工程を2ヶ月3ヶ月かけて行っているわけです。それをこの訴訟の手続きの中で行うのか。問題の起きる部分だけを取り出して、「はい、検証完了。バグがありますね」ということだけを確認しても意味がありません。既に不具合の発生から一定期間経過していて検証を実施するための環境の設定が困難ですし、不具合が再現させられないことも多いわけです。環境、データ、シナリオについて、裁判所（専門委員）、ユーザ、ベンダで合意するのに手間取ることもあって、私は検証にはかける手間と争点の関係から意味がないことが多いのではないかと思います。

もっとも、絶対に再現する不具合があるのだったら、その状況を訴訟前に保全しておきたいところです。しかし、不具合があるから、その画面の画像を撮ったりビデオを撮ったりしても、証明力の問題があります。そこで、事実実験公正証書というものを作るという方法もあります。公証人は五感の作用により直接体験（事実実験）した事実に基づいて公正証書を作成することができます。証拠保全の機能を持っています。

5 訴訟の進行

システム開発訴訟の進行を弁護士の視点で眺めるには、東京地方裁判所プラクティス委員会第二小委員会「ソフトウェア開発関連訴訟の手引」判タ1349号4頁が参考になります。この論考は裁判官が書いたもので、裁判官が何をどう考えているかを知ることができます。以下は、当該論考に私の経験を加味して、私がまとめたものです。

訴状作成～第1回弁論
── 重要なマイルストーンに関する証拠を収集する
── 訴訟追行プロジェクトチームを編成する
　・法務、システム、ユーザ部門、営業と社外の弁護士
　・経営層への報告体制
── 訴訟物と要件事実を最低限特定する
　・完成を前提とする瑕疵担保責任に基づく損害賠償請求なのか、債務不履行(未完成)に基づく損害賠償請求なのか
　・商法512条に基づく報酬請求なのか、契約に基づく請求か etc
── 基本的な事実関係について時系列表を作成し、証拠とのリファレンスをとる

判例タイムズの論文は、争点整理手続きについても述べています。

訴訟で、本当に専門的技術的な問題が争われることは多くなくて、「あのとき、ああ言った、こう言った」という事実ですとか、合意があったかどうかという民法の問題がほとんどです。

争点整理手続
── 裁判所のスタンス
　・審理の進め方について方針を示し、当事者に適時な主張立証を促す
　・事案の全体像、当事者の主張及び証拠について開発工程を中心に整理する

第4講　システム開発紛争の取扱い

　　　・専門的知見を得る必要があるときは専門家を活用しつつも、あくまで必要なのは法的判断であり、判断に必要のない専門技術的問題には立ち入らない
　──争点整理の進め方
　　　・審理のバックボーンとなる開発工程の経過に着目する

ご参考までに、その続きで私のメモを上げておきます。

──裁判所が考える「争点を解明する上での重要事実」
　　・開発に関与した各社の関係
　　・開発対象に係る情報（ユーザの事業、開発対象業務の概要、システムの概要、パッケージソフトの利用、現在の状況）
　　・開発態勢（ベンダの経験値、重要な担当者の経験・スキル）
　　・時系列情報（動機、契約締結時期、仕様確定経緯、支払状況）
──証拠の整理
　　・「書証は整理されないまま大量に提出され、審理混乱の原因」
　　・「証拠価値との関係を度外視して、プログラムのソースコードや保有するメールすべてを提出するなどして、記録が膨大となる傾向」
　　・証拠説明書で個々の立証趣旨を明らかにし、計画的に提出する
　　・「立証に用いる部分をラインマーカーで示したり」
──技術的問題が争点になるとは限らない（技術論争に持ち込むと長期化傾向）
　　・ユーザは瑕疵を主張するが、契約書・仕様書に照らすと、ユーザの主張する「仕様」は、明らかに開発対象外あるいは瑕疵といえないケース
　　・ユーザが求める仕様の成果物が納品されていないと主張するが、仕様書、議事録その他資料を見ても、その仕様が実装されるという合意が見当たらないケース
　　・特定の成果物・データの納品があったかどうかが争点となっているケース
──用語の使用
　　・裁判官もwikipediaやIT用語辞典で意味を調べるので、できるだけ一般的な用語、一般的な意味で使用し、プロジェクト・業務固有の用語については用語集を作成する

この最後の部分にある「用語」が意外と曲者で、一般的な用語や意味については裁判官もIT用語辞典等で意味を調べるのですが、実は業者によって意味が違う場合があります。たとえば、IPアドレスのような技術用語であれば業者によって意味が異なることなどありえないのですが、「要件定義とは何をすることなのか」とか、「基本設計とは何をすることなのか」などになると、JISできちんと決まっているわけでもなく、仮に決まっていたとしても、その会社によって違う意味に使っていたりするので、事件に即した用語集を作成する必要があります。用語集があっても、この用語は一般用語なのか、その会社固有の用語なのかがわからない事件に遭遇します。

6　証拠

(1)　時系列の整理

　何もシステム開発の事案に限らないのですが、訴訟の進行につれて証拠の数がとても増えてきます。証拠というのは、登場順に甲1乙1から始まって、作成日もまちまちで、あまりにたくさんの証拠が出されると、原告が証拠を出すと「それは乙号証ですでに出ていますよ」などという話にもなり混乱しがちです。そこで、私は作成日順にエクセルでこのような証拠の時系列表を作っています。○月○日の会議の議事録があったかなあ、と思った時すぐに探せるので、あると便利です。

	作成日	表題	作成者
甲4	2014年6月3日	次期システムに関する提案依頼書（RFP）	原告
乙22	2014年7月21日	次期システムに関する提案書（案）	被告
甲5	2014年8月1日	次期システムに関する提案書	被告

第4講　システム開発紛争の取扱い

乙29	2014年8月2日	提案書説明会報告メモ	被告
甲1	2014年9月1日	業務委託基本契約書	原告・被告
甲2	2014年9月1日	業務委託個別契約書（要件定義）	原告・被告
乙1	2014年9月3日	「要件定義の進め方」と題する文書	被告
乙7-1	2014年9月12日	議事録	被告
乙7-2	2014年9月13日	乙7-1を添付したメール	被告

　これもまたシステム開発訴訟の事件に限る話ではありませんが、両方の当事者が用語を提示していって、たとえば「本件システム」と呼んでいるのが原告と被告で違っていたり、原告の証拠でも違う意味に使っていたりする場合があります。そこで、このような用語の一覧表を作ることで混乱を防止しています。

用語	定義内容	場所
本件基本契約	2014年9月1日付け 原被告間・業務委託基本契約	訴状4頁
本件要件定義契約	2014年9月1日付け 原被告間・業務委託個別契約（要件定義）	訴状4頁
本件システム	ABCプロジェクトにおいて開発を予定していた基幹系システムのうち、会計領域を対象とするシステム	訴状5頁
本件プロジェクト	本件システムを開発するプロジェクト	訴状5頁
ステアリング・コミッティ	本件プロジェクトにおいて重要事項を決定することとされていた会議体	被告第1準備書面7頁
本件インターフェース	本件システムと、外部システムとの接続に関する取り決め・仕様	原告第1準備書面14頁

(2) さまざまな証拠方法

　システム開発訴訟では、制度的に確立された証拠（建築確認申請書類、カルテ等）がありません。証拠には次のようなものがありま

すが、下線で示したものが重要な証拠だと思います。

> ── <u>契約書、RFP、提案書</u>
> ── 記名・押印等のあるレター
> ── 紛争発生後の内容証明郵便等
> ── 論文、解説書、技術辞典などの公刊物等
> ── <u>議事録</u>
> ── 課題管理票、仕様変更一覧等の管理票
> ── <u>メール</u>（内部・相手方に提示されたもの）
> ── 設計書、仕様書
> ── 証言、陳述書

　経験から言えることは、履行の立証あるいは不履行の立証というのはとても難しいということです。特に、プロジェクトマネジメント義務やユーザの協力義務を尽くしたことの立証は困難です。プロジェクトの期間は2年、3年に及びますし、その期間が経過したあとで、義務履行不履行の立証を求められるのだから、きちんとドキュメントを残しておくことが重要だということを現場にはいつも言っています。特に議事録などがこの手の事件には証拠としてたくさん出てくるのですが、都合よくいいところだけを抜き出してつまみ食いされてしまうのですね。

> ── 義務内容が不明確なので立証命題が特定しづらい
> ──「各場面で必要適切な対応をする義務」だとすると、事実の時間的範囲は広範囲になる
> ── 開発プロジェクトでは多数の人間が関与し、膨大な資料が作成される（全部提出しても弁護士・裁判官は読めない）
> ── 開発プロジェクトのときから、2～3年経った後に義務履行の立証を求められる

なお、議事録の意義について、スルガ銀行対日本IBM事件（控訴審）でIBM側が「議事録の記載内容はスルガから修正を加えられたものであり、作業等の実態を必ずしも反映していない」と批判していたことに対して、控訴審判決は、「確定した議事録は、ステアリング・コミッティの作業実態を反映するもの」として、そのような主張を排斥したのが印象的です。

> 　ステアリング・コミッティは、本件システム開発の上級マネジメントレベルでの意思決定を行う目的で設定されたものであり、スルガ及びIBMの双方から本件システム開発の実施責任者が参加し、その総合評価、スケジュール・作業進捗の実績・課題の共有、重要課題の意思決定等を行うものであった。そして、そこで議論された要点については、会議の翌々営業日の午前中までにIBMが議事録を作成し、議事録データベースに登録し、同議事録によって会議の最終的な決定事項を記録化することとされていた。
> （略）
> 　特にIBMはシステム開発を業とする者であり、このような議事録作成の意義と方法を当然熟知していたものといえる。したがって、確定した議事録は、ステアリング・コミッティの作業実態を反映するものとして取り扱うのが相当である

　課題管理票・仕様変更管理票は、「プロジェクトマネジメント義務」「協力義務」履行（懈怠）の実態を立証する有効なツールです。たとえば、ユーザがきちんとその義務を果たさなかったようなとき、課題が30個あったのに1ヶ月以内に回答してきたのは1つしかなかったなどと、ユーザの義務違反を件数、工数などから定量的に評価しやすい証拠になります。この点、議事録ではなかなかそのあたりが読み取れません。

　その際、文書の位置づけが、契約書あるいは下位文書としての「プロジェクト管理規程」などに定められているか、そして、その

文書内、期限、終了日、責任者などがチェックポイントになります。その際、決定・対応を促したこと、期限までに対応できない事情などの事情も重要なポイントです。

6　調停・ADR

訴訟は、システム開発紛争の解決手段として非効率だということを申し上げました。その代替案も検討に値します。ソフトウェア開発紛争専門のADR機関として、一般財団法人ソフトウェア情報センター（SOFTIC）が運営する「ソフトウェア紛争解決センター」というのがあります。

この種の事案に明るい仲裁人、あっせん人が対応しますので、訴訟に比べると圧倒的に短期間で終了します。

創設当初は、事件数が少なかったのですが、このところ事例が増えつつあります。私も、あっせん、仲裁人等の候補者名簿に登載されており、実際に何件か対応しています。

❖ …… 質疑応答

Question　要件定義書、工程表の法的拘束力

本日は講義をありがとうございました。要件定義書とか工程表の法的拘束力あるいは証拠としての価値はどのように考えればよろしいのでしょうか。

第4講　システム開発紛争の取扱い

> **Answer**

　要件定義書というのは、会社によって作り方が違います。何を作るのかについて大元になるドキュメントですので、法的拘束力があるかと聞かれると微妙なのですが、現実に起きている不具合がベンダの過失によるものなのかどうかあるいは、そもそも不具合かどうかを判断する上での基準になります。ですから、他方で要件定義書が実現しようとしたものと、実際に出来たものの対比をする上では、要件定義書は非常に重要なドキュメントになります。ベンダが「要件定義書には書いていないから、開発の対象ではありません」と言う際にもよく用いられます。

　工程表は、何かを計画するときに、矢羽のようなアイテムで工程Aがあり、Bがあり、Cがあって……と配置するチャートをいいますが、「最後の工程が終わっていれば完成という」と裁判例もあるので、最後の工程が何だったのかを判断するためには工程表が重要だったりします。

　しかし請負でいえば、目的物を期日までに引き渡すことが主たる債務になるので、必ずしも工程表の順番通りに開発が進まなかったとか、ある工程の進行が遅れたというだけでは債務不履行にはならないという意味では、直接的に法的拘束力が生じるとはいえないでしょう。

Question　納期遅延に伴う営業損害

たとえば、納期が遅れてユーザに営業損害が発生して損害賠償を請求したところ、ベンダは、ユーザのせいで工程AやBの進行が遅れたからCも玉突きで遅れたと主張する場合に、工程表が意味をもってくるはないのでしょうか。

Answer

そういうやりとりは、システム開発紛争ではよくあるケースです。工程AとBはお客さんも半分で実施するということになっていたのであれば、納期の点で客観的にはベンダの履行遅滞状態が生じていますが、ベンダにはその責任はない、あるいはあっても半分だ、という反論をすることは実際の事件でもよくあります。

Question　工程表を証拠として用いること

証拠として工程表を使うことはよくあるのでしょうか。

Answer

はい。使わないケースはほぼないと思っています。ただ、開発期間が数年かかっていたりすると、工程表のバージョンも10とか20とかになっています。そうなると、どれが双方で合意されたものなのかを突き止めることじたいが大変な作業になります。

第4講　システム開発紛争の取扱い

> **Question**　PMBOK（ピンボック）の規範としての拘束力

　証拠の価値という範疇の問題かどうかわからないのですが、プロジェクトの進め方にPMBOKというのがあります。このPMBOKで定められていることは規範になりうるものなのでしょうか。

> **Answer**

　まずピンボックとは、Prject Management Body of Knowledge（プロジェクトマネージメント・ボディオブナレッジ）の略ですが、システム開発に限らず、「プロジェクト管理はかくあるべし」という国際的なお手本のような知識体系のことです。プロジェクトというものは、関係者全員が同じ方向を向いて共通の目的に向かって進みますが、そのために必要な手法などがまとめられたものです。実際に紛争になってみると、プロジェクトの構成員であるユーザとベンダが相互に「お前が悪い」と言い合う状態になるので、「PMBOKに照らして、当事者がやるべきことをやらなかった」という主張をしたことは、私はありません。

　結局、今日ご紹介した判決で出てくる事例のほとんどは、当事者が説明すべきタイミングで説明をしなかったとか、必要な情報提供をしなかったというだけの話なので、PMBOKに照らしてどうこういう話ではないと思っています。また、PMBOKにも、「いついつまでにお客さんにこれこれを説明しなさい」などということは実際には書かれていないと思います。よって、訴訟における規範としての効力があるかというと疑問です。

Question　実体と形式（契約書等）の乖離

　小さな案件ですと、実際には契約書とかを全く作らずにベンダが動くことが多いと思います。途中から経産省のモデル契約書あたりを使って契約書の形を作っておくというように、実体と書面が乖離する状態で事実が進行していて、依頼者も実体はこうですと言って、大量のメールのやりとりをプリントアウトして持ってくることがあります。これが訴訟になったときに、裁判所はまず契約書を出してくださいと言うわけですが、それは実体と違うという釈明をするわけです。このような実体と形式が乖離するケースで弁護士はどう対応すればよいのでしょうか。

Answer

　そのあたりになると、ベテランの先生方のご意見を承りたいのですが（笑）、ご指摘のことは日常的に起きていると私も思います。特定のシステムを完成させることが目的となっている請負契約のようなものが実体だったのに、毎月3人のエンジニアが毎月40万円、50万円という単価で、人別、月別に注文書が出ていたということになっているケースもありました。この場合、裁判所に対して、実体はこうだったんだという説明をするわけです。もっとも、私はお金を請求する側だったので、実体も注文書どおり準委任契約でした、という説明をしましたが（笑）。

第4講　システム開発紛争の取扱い

> **Question**　裁判所は実態を見ているのか？

　裁判所からすると、10も20も注文書が証拠として提出されている状態で、取引の実態を探るという話になるわけですよね？

> **Answer**

　私が取り扱ったことのある事件でも、裁判所は実態を見て、実際に成果物が出来ていないのだから、注文書では毎月人別に請求できるようになっていたとしても、全額の請求は難しいですね、ということで和解になったことがあります。請求金額の7割くらいにはなりました。裁判所は実態を見たいと考えるのですが、毎月毎月人別の注文書を出していたという形式と実態とのバランスを考慮して和解で請求を認めたんだと思います。これが一本の請負だ、と考えたら、こんな和解にはならなかったと思うのです。

　契約の体系をどう見るかですが、契約書、注文書でみれば細かい契約がたくさんあるわけですが、それをユーザから見れば、ひとつの大きなシステムを作るために進んでいるんだ、あたかも一個の請負契約としてのまとまりがあるんだ、という主張をするわけです。しかし、毎回、金額交渉をしたり、条文の文言を詰めたりし続けてきたわけで、それなのに1個の契約に過ぎないというのは、やはり無理があるだろうということで、裁判所は、ベンダとユーザが交した書面というものをそれなりに重視すると思います。そういう意味からは、私は主張の構成を考える際、まずは、証拠から認められる形式論から考えます。

Question　システム開発と独禁法の適用

この種の紛争は、当事者の力関係が如実に現れるケースだと思うのですが、ベンダからは「こういう形でなければシステム開発はできません」と、一方的に、もはや交渉の余地の無いように言われると、経済法が機能すべき場面なのかなと思うことが結構あります。経済法の分野ですと、不当条項付き取引ですとか拘束条件付き取引というのが目につきます。このシステム開発の分野では、独禁法が適用される場面というのを伊藤先生は意識されたことはございますか。

Answer

IT分野全体からすれば、不公正な取引方法ですとか、下請けの関係であれば下請法が登場する頻度は高いのですが、今日お話したケースで、経済法の観点から不当な条項だということが主な争点になったことはありません。

なお、当事者の力関係のことを指摘されましたが、特に圧倒的な規模と力をもったのベンダが、「この金額と納期でしかできません」とユーザに言ってくる一方で、判決でもあったように、ユーザが指摘してきたからやむなく謝罪するということもあるので、力関係がベンダのほうが一方的に強いということも言えないと思うのです。さきほど指摘した判例でも、ユーザが優位に立つことを指摘しつつ、ベンダは専門家なのだから重い責任を負うという判断をしています。その意味で、両者の力関係というのも事案ごとに変わってきます。ベンダとユーザの関係というのは、「病院対患者」のような情報や

第4講　システム開発紛争の取扱い

能力の非対称性が一方的にある関係ではない、ということです。ですから、両者の関係も主張すべき内容ごとに指摘しないといけないというわけです。

Question　検収書無しで報酬を請求できるか

契約上想定された工程がすべて終えていれば完成したということになります。しかし、そこにバグがあると検収はしてくれないと思いますが、検収書無しで報酬を請求することはできるのでしょうか。

Answer

契約上は、納品されたシステムの検収をもって報酬請求権が発生するということだと思うのですが、裁判例では、「検収がなかったとしても、かくかくしかじかを終えているかどうかを判断して請求すべきだ」という判断をしているのであって、これこれまで終えているのに検収をしないということは、ユーザに非があるから報酬請求権が生じるという判断をする例もあります。

平成26年1月15日の東京高裁の判決がありますが、「最後の工程というのは検収のことだから工程が終わっていない」という主張に対して、判決は、検収はユーザが行うことであってここでいう工程というのは、ベンダが自分でできることの最後の工程なのだと指摘して、「検収が終わっていないから最後の工程が終わっていないわけではない」と言っています。一方で、バグがあることは否定できないとすると、完成した上での瑕疵担保責任の議論になります。バグの程度によっては、完成が否定されます。完成していることと瑕

243

疵があるということは両立する議論です。

Question 性能要件の瑕疵の判断基準

レジュメにある「在庫照会の検索処理の30分以上の時間を要する」ですとか、「300件の在庫引当に44分以上の時間を要する」場合には、契約を解除できる瑕疵だと裁判所も考えていると思います。特に最近はスマホの利用でも非常に表示が速いと思います。一方で、この裁判例のように検索データの数が多いと時間がかかるというのは実際によくあるように思います。裁判所も実際に検証手続きではなくても、動作を確認して、「これはちょっと時間がかかっていますね」と言ったりすることもあるのですが、技術の進歩というのもあるのでしょうが、どれくらいの時間がかかると「遅い」と判断する経験則のようなものというのは、あるのでしょうか。

Answer

遅いかどうかという争いを防ぐために、要件定義とか基本設計という段階で、非機能要件といって、性能やセキュリティに関する要件を文書化することがあります。そして、そこでオンラインの応答時間などを定めることがあります。書面で決めてあってもテスト条件などで揉めることが多いのですが、遅いかどうかで揉めるケースというのは、書面で決めていないからだと思います。しかも、改善することができないというのは、そもそも根本的な問題を抱えている可能性があります。一般的に言って、オンラインで動作をさせるようなシステムで、そのたびにじっと待たされるというのは、やは

り瑕疵のあるシステムだという評価になりがちです。しかし、1ヶ月分の請求書をまとめて印刷するシステムであれば10分程度かかっても許されるのでしょうから、アプリケーションの性質によるのでしょうね。あるいは、基準としては、似たような他社製品と比較して明らかに遅ければ瑕疵があると判断することもあるでしょう。民法で、「通常有すべき性能、品質」と言いますが、この「通常」というのはなんだというときに、他社の製品を持ち出して立証したことはあります。

あとがき

　本「弁護士実務の最前線」シリーズは以下のような架空の若手弁護士たちをターゲットとすることを念頭に置きました。
　「女性、38歳、既婚（夫も弁護士）、子ども二人（上は男（5歳）で下は女（2歳））。田園都市線沿線在住。登録後10年を経過。就職した事務所で勤務し続けてボス弁1名、弟弁2名。家事も慌ただしいけど普段の業務も忙しくてなかなか新しい分野の勉強が追いつかない。そんなときボス弁から「○○先生、メンタルヘルスが絡む労働案件の相談が来そうだから一緒に相談に入ってよ。」と要請される……『困った、メンタルヘルス絡みなんて最近勉強できてないよ…ボスは私に丸投げする気まんまんだけど…』」
　「男性、32歳、未婚、東横線沿線在住。登録3年目でそろそろ東京での一人暮らし生活にも慣れてきた。最近は高校の同級生に誘われて始めたサーフィンに夢中で週末には九十九里へ。ボス弁3名の共同事務所のイソ弁。ある日法友全期会の異業種交流会で知り合った税理士から連絡があり「ああ□□先生、ちょうどよかった。顧問会社の△△が「改正債権法について教えて欲しい」っていうんで先生を紹介したいんですが……」と言われた。『やばい、「ああ、法友全期会は債権法改正については権威ですし、私も注目していました」って安請け合いしちゃったよ……改正債権法なんてそんなに知らねーよ……』」
　確かに今までも弁護士実務に密着した本は出版されていましたし、その中には名著と言われる著作もあることは事実です。
　しかし、このような本は網羅性に優れているものの分厚かったり、内容が難しかったり、判型が大きくて手軽に読めなかったりと、そ

の分野の専門家が専門家のために記述されている傾向が否定できないものが大半でした。

　21世紀に入って弁護士実務にも多くの専門領域が生み出されましたが、専門領域のみですべての業務を賄うことができるような弁護士は少数と言わざるを得ず、結果として各弁護士が様々な専門領域をいわば掛け持ちせざるを得ないのが実情です。他方で、専門各分野の発展スピードもまた拍車が掛かり、しばらく目を離していると容易に追いつくことができず往生してしまうということも間々あります。ここからは、各専門領域をある程度短期間で習得できるような研修や専門書が必要なことがわかります。

　また、司法制度改革は弁護士数を激増させましたが、これは数の増加のみならず弁護士の多様化をもたらしました。旧来のように家庭や個人の生活を顧みずに業務に打ち込む「24時間弁護士である」弁護士像だけでなく、ワークライフバランスも充分に考慮した弁護士像もまたひとつの弁護士のあり方として説得力を持ってきています。しかし、24時間型弁護士でない弁護士もまた、充実した業務提供を行わなければならず、そのためにはその立場に則した、簡便な学習手段が必要です。

　本「弁護士実務の最前線」シリーズは、研修としては最先端の実務を十分な経験があるとはいえない若手弁護士にも理解できるように講習したものであり、以上のような要望に応えるものです。そして、これを出版することは、時間に追われる弁護士たちが短期間のうちに「最前線」に打って出ることができる、最適のツールとなります。是非この本を、通勤途中の田園都市線の中で、裁判所を往復する丸ノ内線の中で、子どもが寝た後の自宅のリビングで読み、各々の業務の準備をしていただければと思います。

あとがき

　本書は4分野に亘っての専門分野について解説されていますが、いずれも研修で講義していただいた内容を反訳したものがベースとなっているためとても読みやすいのが特徴です。お時間があれば、ご自分の業務のために熟読した分野以外についても軽く目を通してみて下さい。そういったところに意外なヒントがあるかもしれません。

　最後になりますが、今年度法友全期会業務委員会担当の執行部員である稲村晃伸、川崎健二郎、後藤大（以上副代表）、遠藤啓之、濱嶋幸子、小倉佳乃（以上事務局幹事）の各弁護士による充実した提案、準備があればこそ、この新しい企画が実現しました。皆さんの勇気と実力に心より敬意を表します。また、前業務委員長の廣畑牧人先生は、今年度代表幹事代行という立場であるにもかかわらず、業務委員会の研修準備までご協力していただきました。特に記して感謝の意を表したいと思います。外部委員として参加した岩田修一、小峯健介、上村剛、吉直達法、角田智美、中川紗希の各弁護士にもこの場を借りて謝意を表させていただきます。成田慎二委員長をはじめとした法友会業務改革委員会の皆さんにも共催のご協力などにご尽力いただき大変感謝しています。そして、何より本委員会の企画に参加していただいたすべての会員の皆様に改めて感謝の意を表するとともに、このような新しい試みの実現に向けて快く背中を押してくれた今年度全期代表である井﨑淳二先生に改めて感謝の意を伝えたいと思います。

平成29年12月28日

　　平成29年度法友全期会業務・債権法改正特別委員会委員長
　　　　　　　　　　　弁護士　青　木　耕　一

東京弁護士会法友全期会

ライブ講義弁護士実務の最前線　Vol.1

2018年2月21日　初版第1刷発行

著　　者　東京弁護士会法友全期会
発 行 者　井田　隆

発 行 所　LABO（弁護士会館ブックセンター出版部）
　　　　　〒100-0013　東京都千代田区霞が関1-1-3　弁護士会館地下1階
　　　　　　　　　　TEL　03-5157-5227　FAX　03-5512-1085
発　　売　株式会社大学図書
　　　　　〒101-0062　東京都千代田区神田駿河台3-7
　　　　　　　　　　TEL　03-3295-6861　FAX　03-3219-5158
編集担当　渡邊　豊
印 刷 所　日本ハイコム株式会社
カバーデザイン　やぶはなあきお

ISBN978-4-904497-39-5
Ⓒ2018 Printed in Japan Tokyo Bar Association Hoyuzenkikai

乱丁・落丁の節は、当該書籍の確認後、お取替えいたします。
本書の複写は著作権法上の例外を除き禁止されています。本書の電子的複製は私的利用を除き認められておりません。